好かれる人が
やっている

人を
惹きつける
習慣

井上裕之
Hiroyuki Inoue

すばる舎

人生が思いのままになる人心掌握《しょうあく》の力

習慣1
安心させると、相手は
あなたを無条件で受け入れてくれる。

習慣2
信頼されると、相手は
あなたの言葉に納得し、動いてくれる。

習慣3
魅力を磨くと、相手は
あなたとつながりたいと願う。

習慣4
与える人には、人、仕事、情報、お金、
すべてが集まってくる。

習慣5
存在価値を認めてあげると、相手は
あなたを「なくてはならない存在」だと
認識する。

誰でもできるけど、
ごくわずかな人しかやっていない習慣。
人望が集まり、人が動いてくれる！

はじめに

「この人の言うことなら、信じてもいい」
「この人が言うのなら、やってみよう」
「この人のためなら、協力しよう」

人の心をつかみ、影響力を持つ人がいます。

人の心を惹《ひ》きつけると、人が集まってきます。**人から支持され、好かれ、愛されます。そして、応援、協力されます。**

つまり、人の心をつかめれば、人生は思いのままです。人も、仕事も、お金も、情報も集まってきます。人も動いてくれます。

では、人の心をつかむ人と、そうではない人は、何が違うのでしょうか。

それは、人間関係における習慣です。誰にでもできる小さな習慣ですが、やるとやらないでは大きな差が生まれます。

本書では、**人を惹きつけるためのシンプルな習慣をご紹介していきます。**

●好かれる人、人望を集める人のシンプルな習慣とは？

なぜか、人から、好かれる人がいます。
なぜか、人から、慕《した》われる人がいます。
こういう人たちは、意識的にも無意識的にも次の5つの習慣を行なっています。

1 人を安心させる習慣
2 人から信頼される習慣
3 価値ある自分をつくる習慣
4 人に与える習慣
5 相手に存在価値を感じさせてあげる習慣

安心感を与えられる人は、人から受け入れられます。拒絶されることなく、距離をとられることがありません。短期間で親密な関係になれます。

信頼される人は、言葉の説得力が増します。話を聞き入れてもらえますし、言葉の力で人を動かすことができるようになります。

価値ある人には人が集まってきます。魅力がある人とは、みながつながりたいと思うものです。

人に与える人は、すべてを手に入れます。人は与えられると、お返ししたくなるという原理があります。与えれば与えるほど、人、仕事、お金、情報が集まってきます。

相手に存在価値を感じさせられる人は、相手の心をわしづかみして、放しません。「自分に価値がある」と言ってくれる味方を誰もが欲しいのです。相手にとってあなたは絶対に必要な人間になります。きずなが強まります。

●人心掌握《しょうあく》のための43のコツを専門知識と経験をふまえて紹介

本書では、人の心を惹きつけるコツを43個紹介します。

43個を5つの習慣に分けて、私の専門知識と経験からお話ししていきます。

どれも難しいものはありませんが、ごくわずかな人しか実行していないので、やると効果があります。ぜひ、ひとつでも実践してみてください。

私は、歯科医師として長年患者さんと向き合ってきました。私の医院に30年間通ってくれている人もいます。また、著者として15年目を迎え、毎年本を世に送り出しています。本の内容は、私が学んできた世界的成功プログラムがベースになっています。

私が長く成果を出し続けられているのは、人間関係がうまくいっているからです。

才能や能力よりも、人間関係のほうが人生においては大事だと感じています。

私は潜在意識の専門家なので、その視点からも人間関係の秘訣をお話ししていきます。意識には顕在意識と潜在意識の2つがあります。諸説ありますが、その割合は顕在意識4%、潜在意識96%と言われています。ほとんどのことを無意識に行なっているということなので、潜在意識を使いこなせば人間関係も必ずより良く変わります。

人心掌握のコツを知れば、仕事とプライベートで大きな成果が得られます。人の心を惹きつけると、人が動いてくれます。人が動いてくれると、成果が得られます。人の心をつかみ、人望を集め、人を動かす影響力を得てください。

それでは、1章をお読みください。

井上裕之

編集協力　森下裕士
本文デザイン・DTP　システムタンク（野中賢・安田浩也）
カバーデザイン　マツヤマチヒロ

もくじ

第1章

結局、人の心をつかむと、すべてが手に入る

～人に支持され、好かれ、動かすための習慣とは？～

第2章

拒絶されないための「人を安心させる」習慣
～無条件に受け入れられる人の9つのコツ～

第3章 信頼される人がやっているシンプルな習慣
～あなたの言葉の力を最大にする7つのコツ～

第4章 価値ある存在になる「魅力を磨く」習慣
～「あなたとつながりたい」と思われる人の12のコツ～

第5章

すべてを手にする人の「与える」習慣

～お金、仕事、人、情報が集まる8つのコツ～

第6章

相手の「存在価値」を認めてあげる習慣

～絶対的味方であると伝える7つのコツ～

エピローグ

第1章

結局、人の心をつかむと、すべてが手に入る

～人に支持され、好かれ、動かすための習慣とは？～

人望も影響力もある人は、何をやっているのか？

人を惹《ひ》きつける人は魅力があり、人間力があります。そのため、自然に人が集まってきますし、支持され、応援されます。

相手に安心感を与え、信頼を得るのがうまいので人望も集めます。

「この人の言うことなら、間違いない」「この人にならついていっても大丈夫だ」「この人のために協力しよう」と思われるので影響力を持ちます。

あるとき、ニューヨーク大学のインプラントセンターを新しく改築するために、寄付を集めることになりました。

私はニューヨーク大学のインプラントプログラムのリーダーでしたので、寄付を集める活動に協力することになりました。

しかし、寄付は一口100万円。OBが自然に寄付してくれる金額ではありません。積極的な活動が必要でした。

私はインプラントプログラムに参加した仲間たちに、直接ニューヨークから電話することにしました。「なかなか難しいだろうな」と考えていたのですが、なんと20人もの人が寄付してくれたのです。

この仲間たちはこのときだけではなく、もう一度私に協力してくれました。

世界的に有名なニューヨーク大学の教授の講演を、日本で行ないたいと、相談されました。しかも、平日に開催したいとのことです。

私はまたも仲間に講演の参加を呼びかけました。仲間たちはそのときも協力してくれて、多くの人が参加する講演会になりました。

このときは、「平日で参加はできないけれど、申し込みはするね」という人までいました。私はこのときのことを、とても感謝しています。仲間が困ったときは、私も必ず協力しようと思いました。

なぜ、みんな力を貸してくれたのでしょうか。

それは、私が日々行なっていた〝ちょっとした習慣〟のおかげです。

人の心をつかみ、動いてもらうためには、次の5つのことをくり返し行なうことが必要です。

「人に安心感を与える」「信頼してもらう」「魅力のある存在になる」「人に与える」「相手の存在価値を認める」

どれも人間関係においては当たり前のことで、誰にでもできることばかりです。ただし、実践できている人はごくわずかです。

だからこそ、本書で紹介していく「人を惹きつける習慣」は実践する価値があります。魅力を高め、人望を集めれば、人生は思いのままです。

実は、才能や能力よりも「安心感」のほうが重要！

私たちは安心感を与えてくれる人と、つながりを持ちたいと思うものです。安心感がある人と接すると、心が安らぎ、リラックスできます。

包容力のある人と接すると心が安定します。

また、「この人にアドバイスをもらうと、どんな問題もなんとか解決できる」という安心感は心強いものです。

人に安心感を与えることができると、長く良い人間関係が築かれます。

私は著者として15年間活動してきました。85冊の本を書いて、世に送り出してきました。

なかなか本が売れない時代に、毎年コンスタントに本を出せる状況に感謝しています。著者は1年間活動することすら難しいのです。1冊目を出した後に、2冊目の本を出せない人が大勢います。そう考えると私はとても恵まれています。

私が長年本を出し続けられているのは、才能や能力があるからではなく、編集者と良い関係が築けているからだと考えています。

そのためにやっていることがいくつかあります。

●情報収集、学びを怠《おこた》らず、常に新しい内容の本を書けるようにする

「企画に困って私に相談したときに、新しいアイデアが浮かぶ」という状況をつくっておくように準備しています。

●期限を守る

原稿のチェックなど、言われたスケジュールの1日前には完了させます。

●精神を安定させる

打ち合わせのときには、常にポジティブな感情で向かいます。怒ったり、イライラしない、と決めています。

●本業をしっかりやる

本業の歯科医師の仕事をしっかりやって収入の基盤を持つことで、出版社と条件面などでバランスを取ることができ、双方がメリットを得られるようにしています。

●編集者の意見を取り入れる、協力する

著者の中には、自分の意見を絶対に通す人がいますし、販売促進に非協力的な人が

います。しかし私は、餅《もち》は餅屋だと考えているので、編集者の意見を活かし、販売促進も全力で行ないます。

これらを徹底しているので、編集者に安心感を持ってもらえているのではないかと思います。

年間何冊も本を抱えている編集者にとっては、仕事がスムーズにいったほうがいいに決まっています。心に引っかかりがなく仕事ができるほうがいいに決まっています。「この本、出せるのかな……」「この本、ありきたりだな」「この著者、また嫌なこと言ってきそうだな」と不安を抱えながらの本づくりは、編集者にとってとてもストレスです。だからこそ、私は編集者に安心感を与えて、「また仕事がしたい！」と思ってもらえるように心がけています。

これは何も、編集者との関係だけの話ではありません。

安心感を与えてくれる人のことを誰でも好きになりますし、長くつき合いたいと思うものです。長くつき合うと関係が強まるので、あなたのために動いてくれます。

あなたの言葉の価値を高める「信頼の貯め方」

人がひと肌脱いでくれるのは、あなたに「信用があるから」です。

信頼されるとは、人が「あなたのことを信じること」であり、「あなたを信じて頼る」ことです。

つまり、相手が「この人が言うことは信じていい」「この人の言うことはやってみよう」と、あなたを受け入れている状況です。

一度、相手と信頼関係ができると、協力関係ができ上がります。

信用を積み重ねると、信頼されます。
信頼を積み重ねると、尊敬されます。

信頼されるだけでも絶大な効果がありますが、尊敬されるとより大きな影響力を手にすることになります。

私のことをいつも応援している元格闘家の大山峻護《おおやましゅんご》さんという方がいます。奥様もいっしょに応援してくださっていて、とても感謝しています。

私に人を紹介してくれたり、本や講演の宣伝を頑張ってくれたり、パーティーを開催してくれます。

あるとき、「なぜ、ここまで協力してくれるのですか?」とお聞きしました。

答えは、「井上先生は、言うこととやることが一致していて、信頼できるからです」とおっしゃいました。

信頼できるから、心理的抵抗なく書籍などで発信した内容を実践できて、感謝してくれているのだそうです。

このご夫婦が何かされるときは、もちろん私も協力します。信頼を与えると、相互に協力するいい関係ができ上がるのです。

また私は「価値ある人生を送る方法」についての情報発信を15年以上行なっています。初めはブログで、今はＳＮＳで行なっています。

もう、約５５００日以上続けている習慣です。海外出張のときも、体調が悪くても、親が亡くなっても発信し続けています。

15年間で信用を積み重ね、信頼を積み重ねてきました。

いつも自分なりに有益な情報発信を行なっているので、書籍や講演の宣伝をしても、評判が良く、盛り上がってもらえています。

ぜひ、信用され、信頼され、尊敬される人になってください。あなたの言葉の価値が高まり、人を動かす力も同時に高まります。

残念だけど価値を表現できない人は幽霊になる

価値ある存在になる――。

私はこのことをよく考えます。

他とは違う魅力を持つ人の周りには、当然人が集まります。違う何かを持つ人と、みんなつながりたいと思うのです。

魅力を高めるためにまず大切なことは、自分がどんなプロフィールの人間になりたいのかを意識することです。

私は本を出すときにプロフィールをつくっています。そのたびに、どうすれば他の著者の人たちと違う価値を表現することができるのかを考えます。

私の特徴はとてもわかりやすくなっています。

歯科医師であり、著者でもある。いわゆる二刀流です。ただし、ただの二刀流では読者の皆さんは「この人の本を読もう」とはなりません。

歯科医師と著者の専門性を高めるプロフィールをつくるように心がけています。理想のプロフィールをつくるために行動しているとも言えます。

●理想のプロフィールをつくるために行動する

まずは、歯科医師としての実績です。

東京歯科大学大学院を修了後、ニューヨーク大学、ペンシルベニア大学、イエテボリ大学で研鑽《けんさん》を積み、いのうえ歯科医院を開業。

国内外7つの大学で役職を兼務。

最新医療、スピード治療はメディアでも取り上げられた。


次に、著者としての実績です。

潜在意識の世界的権威ジョセフ・マーフィートラスト公認グランドマスターで、潜在意識の専門家。

世界中の能力開発プログラムを学び、ピーター・ドラッカー博士の「ミッション」と、潜在意識の法則を組み合わせた独自の成功法則「ライフコンパス」を提唱。

15年間で85冊の本を出版し、累計は140万部。1000名規模の講演会も成功させている。


自分のことを自画自賛しているようですが、現実的にここまでのプロフィールをつくっておかないと、他の著者の方々との差は表わせません。

少しブラックな技ですが、**「見せるためのプロフィール」をつくる必要があります。**

他とは違う価値のある存在にならなければ、私の本は読者のみなさんに無視されます。

魅力がある人間になるから、人の心を惹きつけられるのです。

厳しい言い方をすると、**何かしら価値のある人間でなければ、あなたの存在はこの世にないものとして扱われます。**

そのため、理想のプロフィールを得られるように行動することをおすすめします。

とはいえ私自身、もともとは歯科医師としてのレベルを上げることだけを考えていて、著者になることなどは考えてもいませんでした。

趣味で自己啓発プログラムを学んでいるうちに、それがいつの間にか人に教えられるレベルになっていたのです。

つまり、本業をまじめにやりながら、それ以外で何かしらの活動をしていれば、あなたのプロフィールは魅力的になる可能性が高いのです。自分の好きなことや、やっていてもあきないことに力を注いでみてください。

他の人とは違う価値を持つ存在になりましょう。

3つの「与え方」、最も成功するのはどれ？

何かを与えてくれる人を、嫌う人はいないでしょう。

必要な情報を与える、必要なスキルを与える、必要な人とつなげる。他者にこれができる人は少ないものです。

それだけに、与える人になれば、相手にとって重要な人物となります。

また、人は返報性の原理によって動くので、人から何かしらの恩恵を受けたら、お返しをしなければならないと考えます。与えることで、人はあなたのために動いてくれるのです。

著書『GIVE & TAKE』（三笠書房）で有名なアメリカの心理学者アダム・グラントは人を3つに分類しました。

●ギバー　与える人

相手の利益は何なのかを意識し、与える人。

●テイカー　受け取る人

自分の利益を優先し、与えるより、受け取ろうとする人。

●マッチャー　帳尻を合わせる人

自分が受け取る量と、与える量のバランスを取る人。

この3タイプの中でアダム・グラントは、**ギバーが一番成功する**と述べています。積極的に与えると、人望、人気が高まり、人や仕事、お金、情報が集まってくるからです。

私のプログラムの受講生の水江卓也さんから、初めての講演をしたいと話を聞きました。「協力しますから、せっかくなら大阪を代表する中央公会堂で1000名の講演をしましょう」と私は提案しました。

私は自分の媒体で宣伝し、応援のインタビュー動画に出演し、人が集まるか不安になっていた水江さんを励ましました。

結果として、そのセミナーは大成功しました。もちろん水江さんの努力の成果で、私の協力は小さな影響しか与えていないでしょう。

しかし水江さんは、5年以上たった今でもそのときのことを覚えてくれています。私の書籍が発売されたり、セミナー開催が決まると、精いっぱい動いてくれます。

与えることで、長い年月にわたり良い影響をもたらすのです。

これにフォーカスすると、相手の存在価値をうまく認めてあげられる

人は自分の存在価値を認めてもらえると、うれしくなるものです。自分にはなんらかの価値があると感じられると幸せな気持ちになれます。

「自分は周りにとってどんな存在なのか」ということは、誰もが気になるでしょう。必要とされない人間なのではないか、と不安を感じている人も大勢います。

だからこそ、相手の存在価値を認めてあげることには意味があります。

存在価値を認めるためには、相手に「成長を実感してもらう」ことが一番です。

私はごく少数の人に、コーチングを行なっています。

営業職、医療関係者、コンサルタント、経営者……、さまざまな職業の方が目標達成のためにコーチングを受講しています。

このコーチングは、ほとんどの人が1年で卒業できるように指導しています。

そのため、早く結果が出るように、できる限り相手の力を引き出すようにしています。しかし、頑張っても停滞する時期があります。

ただ、停滞している時期にこそ、人は学びを深め、スキルを磨くので一気に花開きます。こういう時期も必要なのです。

でも、本人にしてみれば結果も出ず、「自分は何をしているんだ」「頑張って本当に報われるのか」と悩んでしまうものです。

多くの場合、人は他人と比べて優秀であることで、自分の存在価値を感じます。そのため、**結果が出ない時期は、自暴自棄になりがち**です。

そんなとき、私はその人が「成長している部分」を探し、褒めるようにします。

結果が出ない停滞期間は、スランプから抜け出すために何かしら模索し頑張っているものです。

まだ結果が出ていないのでその点を褒めることはできませんが、過去より良くなっている点は必ずあるので、その部分は褒めることができます。

成長に意識が向けば、折れることなくモチベーションを取り戻すことができます。

相手の成長にフォーカスして声がけすると、相手の価値を認めてあげることができます。

相手はあなたに好印象を持ってくれることでしょう。

当たり前のことができると、人に好かれ、人生は思いのまま！

人を惹きつけると、人生は思いのままです。あらゆるものがあなたに集まり、自由自在に生きられるようになるでしょう。

人の心をつかむためには、当たり前のことをやればいいのです。そして、それを習慣化すればいいのです。

ただし、誰にでもできるのですが、ごくわずかな人しか実行しません。だからこそ本書でご紹介することを実践してみてください。大きな差が生まれます。

人から愛される、支持される、応援される。
人が集まってきて、あなたのために動いてくれる。

こうなれば、あなたの人生の目標も達成されるでしょう。
また、これからの人間関係で悩むこともなくなります。
魅力的な人物となり、価値ある自分になってください。

人に好かれ、人望を集めると、価値ある人生を歩むことができます。私自身、本書に書いたことを実践し続けることで、たくさんの恩恵を受けてきました。
能力よりも、良い人間関係によって人生は開かれるのです。

人を安心させてあげられると、相手はあなたを受け入れます。
人から信頼、尊敬されると、相手はあなたの言葉の価値を認めます。

魅力的な人になると、相手はあなたとつながりたいと思います。

人に与えると、相手が感謝してくれるから、あなたに必要なものが集まってきます。

人に存在価値を伝えると、あなたは相手にとって唯一無二の存在になります。

ぜひ、人を惹きつける小さな習慣を実践してみてください。人が協力的に動いてくれるようになります。

第1章ポイント

・安心感がある人は、「また会いたい」「また一緒にやりたい」と思われる。

・信頼されると、あなたの言葉の価値が高まり、相手が納得してくれる、動いてくれる。

・人や社会に無視されないために、プロフィールを意識して生活する。

・自己犠牲しない範囲でどんどん与えていくと、人、お金、情報、仕事など多くのものが集まってくる。

・相手の存在価値を認めてあげるだけで、あなたの価値が大きく上がる。

第2章

拒絶されないための「人を安心させる」習慣

～無条件に受け入れられる人の9つのコツ～

0

安心からすべてが始まる

相手に安心感を与える人は、コミュニケーションも人間関係もうまくいきます。不安を感じさせる人とは、誰もつき合いたくないでしょう。

安心感は好感につながります。そして、信頼をも得られます。仕事関係者には特に、安心感を与えましょう。信頼関係がなければ、成果は出せないからです。

安心感を与えるには、いくつかの秘訣《ひけつ》があります。

難しいことはありませんが、それだけにおろそかにしがちです。

・人に会う前に安心感を与える
・精神を安定させる
・相手を観察する
・定期的な連絡
・品格を磨く
・悪口を言わない
・器を大きくしてペースを合わせる
・相手の気づいていない優れた点を褒める

安心させてあげることで、相手はあなたに親しみを感じ、好感を持ってくれます。
拒絶されることなく、あなたを受け入れてくれます。
いい印象を持ってもらって初めて、人はあなたに協力してくれるのです。

1

抜け目のない人は知り合う前に自分を見せる

この人と「一緒にいたいな」「何かやりたいな」と思われる人は、相手に対して安心感を与えられる人です。

安心感は相手に会ってから与えることも大事ですが、会う前に与えることも大事です。

私たちは多くの場合、人とコミュニケーションを行なう中で礼儀正しく接したり、親切にすることで相手に安心感を与えていきます。

しかし私は、そのタイミングで安心感を与えるだけでは不十分だと考えています。

「いったいどういう人なのか全くわからない……」

「この人とは会ってもいいのかな……」

と相手に不安を感じさせるようでは、まだまだコミュニケーションがうまいとは言えません。

●人に会わずに安心感を与える2つの方法

出会う前に相手に安心感を与えるにはコツがあります。

【1　情報を見せる】

SNSでもブログでもなんでもいいので、自分の情報を開示しておくことと、情報を発信しておくことが大切です。

自分はどんなことをやっているのか、どんな人間なのか、どんな考え方を持っているのか、を相手が調べられるようにしておくことが大切です。

【2　応援されているところを見てもらう】

さらに、誰かから、応援されたり、協力されていることまで見せられるといいでしょう。それは、人から信頼されていることの証明だからです。

「情報開示」して、可能なら「応援されているところを見せる」。これが、人に安心感を与える秘訣です。

「紹介しやすい人間」は、安心感がある人です。この2つの要素をクリアしておくと、誰にでも紹介しやすくなります。

「紹介されやすい人間」になるということは、安心感を与えられる人間であるとも言えるのです。

「この人なら、誰に紹介しても安心だ」、こう思われるために、できる限りあなたの情報を開示しておきましょう。

2 精神の安定は大人のコミュニケーションの基本の基本

「精神の安定」は、人とのコミュニケーションを行なううえでも、人間関係を築くうえでも重要な要素です。

心の状態に波がある人は敬遠されがちです。誰もが、怒りっぽい人よりも、朗らかな人とつき合いたいと思うことでしょう。

心理学の点からも、精神の安定は、好かれるための重要な要素なのだそうです。人に好かれるには、安定した心が必要です。

しかし、そうは言われても、感情は乱れるものです。心理学や、アンガーマネジメントを学んだ人でも、感情をコントロールすることは難しいと言われます。

怒りなどの強い感情はいきなり湧き上がってきて、感情が乱れていることに気づくことが困難です。「ああ、私は今、怒っているな」という具合に、自分の感情を俯瞰《ふかん》して見ることができればいいのですが、なかなかできません。

●「作用反作用の法則」は感情がカギ

私はもともと感情が乱れにくい人間でしたが、潜在意識の勉強を始めてからほとんど感情が乱れなくなりました。

潜在意識の法則はとてもシンプルに言うと、物事をポジティブに捉えるというものです。

「作用反作用の法則」というものがあり、ポジティブな思考をしたり、言葉を発すると、ポジティブな現実が現れると考えられています。

日々生きていれば、嫌なこと、怒り出したいことがたくさん起こるでしょう。悩んでいる人が大勢います。

これは仕方がありません。しかし、それをそのままにして、ネガティブな感情でい続けると、潜在意識はネガティブな人や出来事を引き寄せます。

私は精神を安定させるために、マイナスの中のプラスを探すという手法をおすすめしています。

たとえば、仕事がうまくいかずにイライラしたときには、「うまくいく方法を見つける機会」が与えられていると捉えるようにします。改善点が見つかり、より良い結果を生み出せる可能性が高まります。

マイナスの中のプラスを見つけるように、捉え方を変えれば心は安定します。感情が乱れたときは、改善のチャンスです。成功が近づいていると思ってください。

3

「この人は自分を見てくれている」、この安心感を与える

人は話をしっかり聞いてもらえると、受け入れてもらえたと感じ、安心感を持ちます。どんなときでも、人から話しかけられたら丁寧に話を聞いてあげましょう。

私は忙しいときでも、医院のスタッフから話しかけられたら話をするようにしています。手術前などはさすがに後にしてもらうこともありますが、たいていの話は1、2分で終わります。

このくらいの時間、話を聞けないというのは器が小さすぎます。

仕事場をいい雰囲気にするためには「この人は私の話を聞いてくれる」という安心感が必要です。

さらに、聞いてあげるだけではなく、**「相手を観察する」ことも大事**です。性格によっては、困っていても話しかけることが苦手な人もいます。

私は特に、仕事仲間や、コーチングの受講者をよく観察するようにしています。

頑張っているところは積極的に褒めますし、困っているときは自分が協力できることを伝えます。

「この人は自分を見てくれている」と感じてもらうことは、傾聴よりももっと効果があります。

傾聴だけではなく、相手を観察し、自分なりに力を貸しましょう。相手に安心感を与え、さらに、信頼も得られます。

4 長く良い関係を続ける連絡の技術

「この人は、私のことを忘れていないんだな」

こう感じると人はうれしくなります。

私は仕事関係者など、定期的に自分から連絡するようにしています。「元気ですか？」「最近は何をやっているのですか？」というような簡単なメッセージを送るようにしています。もちろん、迷惑にならないように気をつけながらです。

過去に一緒に本をつくった編集者には、定期的に連絡をします。すると、「最近、どんな本を書いているのですか？」「今年は何冊本を出すのですか？」というような話に発展していき、新しい企画がスタートすることもあります。

相手に気づかいができる人ほど、「迷惑かもしれない……」と自分から連絡できないものです。だからこそ、あなたから連絡を入れてみてください。

相手の現状を聞く、仕事の情報を聞く、吉報があったら褒める。このように、できる限りコミュニケーションをとりましょう。

当然ですが、連絡していると、関係が切れることがありません。長くつき合える仲間は貴重です。

私の場合、著者の仕事では10年以上つながっている編集者がいますし、患者さんには30年間通ってくれている人もいます。

つながる期間が長ければ長いほど、相手はあなたに親しみを感じます。つながりを切らないというのも、相手に安心感を与える秘訣です。

5

「品格が先、成功が後」これが、できる人の条件

品があり、公の場での教養を身につけている人には安心感があります。その場にふさわしいふるまいができないと、周りの人に迷惑をかけます。

常識がない人と一緒にいるのはリスクです。自分がしっかりしていても、相手がおかしなことをしたら、自分も被害をこうむります。

私たちは、社会的地位を得たり、年齢を重ねていく中で、品格が身についていくと

思いがちです。

しかし私は、品格は最初に身につけるものだと考えています。言い方はよくありませんが、品格を後回しにするということは、**下品な自分で長い時間を過ごすということ**になるからです。

あなたに品格がなければ、一流の人はあなたを相手にしてくれません。

人とつながるのなら、自分より優れた人とつながらなければ意味がありません。一流の人たちの仲間入りをするには、自分にも高い品格が身についていなければならないのです。

今は、あまりマナーなど気にしなくてもいいという風潮があります。しかし、伝統を否定して、功利主義を主張し、ポジションを獲得している著名人たちの話をうのみにしてはいけません。多くの場合、一流の人ほど、マナー、礼儀礼節を重視するものです。

まずは、基本的な礼儀作法を身につけましょう。最低でも1冊は書籍を読んで学んでおきましょう。

小笠原流礼法《おがさわらりゅうれいほう》は、一度は学んでおくといいでしょう。

この礼法は、武家の礼法を基に完成され、長年多くの人に学ばれています。必要最低限のムダのない動きをする、美しい所作が身につきます。

日常から実践できる所作であり、この礼法が身についていくと、同時に心も洗練されていきます。

立ち居振る舞いを学ぶことで、人間力も同時に上がっていくのです。

また、「この人は品格があるな」という人を観察し、マネしてみるのもいいでしょう。

私も若いころ、よく観察していました。大きな成功を収めていた経営者の方は、食事のときに、割り箸をテーブルの下で縦にして割っていました。こういう細かい部分に品の良さが表れるのです。

一流の人には一流の人の品格があります。品格のある人とはどこで同席しても安心です。

6
悪口とは、自分に嫌なことが起こるように願うこと

悪口はどんな場合も言うべきではありません。直接、対面して言うことはもちろんいけません。最悪なのは、第三者に言った悪口が本人に伝わることです。よりネガティブな状況をつくり出します。

悪口を言う人は人から信用されません。「私のことも平気で悪く言いそうだな」と思われてしまうからです。

たまに、数人で話していて、その場にいない人の悪口で盛り上がることがありますが、そういう場合はその場からすぐに離れましょう。

悪口を言わないだけで、人から安心感を持たれます。

潜在意識は、主語がわからないという法則があります。つまり、誰かに言った悪口は、自分に言っているようなものなのです。

「あの人は最悪だ」は「自分は最悪だ」と、潜在意識は認識するのです。

ネガティブな言葉を発することは、信用を失うだけではなく、自分自身にとってもマイナスに働きます。

悪口を言いそうになったら、「その人の良い部分を探しましょう」などとは言いません。

潜在意識の法則を思い出して、「悪口を言うと自分が損する」と思い出してください。

自分のために悪口は言わないと決めましょう。

7 自分のペースを押しつけるのは三流

私たちは、自分のペースで物事が進まないとイライラしてしまいます。思うように動いてくれないと、相手にプレッシャーをかけるような態度をとってしまう人もいます。

あなたと相手は違う人間です。一人ひとりの事情があり、能力があり、早くできない理由があるからペースが遅いのです。

「急げ」というような言葉を言ったり、プレッシャーをかけるような態度をとる人は三流です。

「遅くて怒る」ということは、相手に「今すぐ能力を上げろ」と言っているようなものです。**不可能なことを言っているのです。**

これでは、自分の中でただただ不快な感情を増殖させるだけです。

相手にペースを合わせられない人は器が小さいのです。融通がきかない人とは誰も仕事をしたくないでしょう。

相手はいつか大きく成長するかもしれません。相手が大きな力をつけたときに、いざ何かしようとしても、あなたが嫌な存在なら一緒に仕事をしてくれないでしょう。

器の小ささは、将来の可能性を潰《つぶ》すのです。

相手のペースに合わせて仕事をすることを意識してください。器を広げて、相手に安心感を与えましょう。

8

裏読みを利用して、より信用されよう！

人の心をつかみたいと思うと、成長するために努力を重ねていくことになります。

すると、必ずあなたのことを悪く評価する人が現れます。足を引っ張る人間はどこにでもいるのですが、こういう人は逆に利用してしまいましょう。

「いろいろとストイックに頑張っている姿を見せているけど、裏では絶対に違う顔があるはずだ」

こう言い出す人が現れます。

私は成長が趣味ということもあり、いろんなことを継続しています。

歯科医師の仕事を行ない、著者としても仕事を続けています。ジムで筋力トレーニングをしていますし、ボクシングもやっています。体のバランスをとるためにピラティスもやっています。洋服も趣味でいろいろと調べながら楽しんでいます。

これらは自分の活動としてＳＮＳで発信しています。

今ではあまりありませんが、初めての著書を出版したころは、「井上裕之は、本の中ではまじめさを装っているけど、派手な生活をしているはずだ」と言う人がいました。

実際には、私は月曜から金曜日までは帯広で歯科医院の仕事をしています。土日は東京に来て取材など、著者としての仕事をこなしていきます。東京では残りの時間でトレーニングを行なっています。現実的に遊ぶ時間はほぼありません。

私は言動一致を積み重ねていきました。本や講演で述べたこと、言ったことを実行しました。すると、根拠のない陰口を言う人もいなくなりました。

人はあなたのことを見ているのです。**一見、良くないことも、価値に変えられます。**

9

「気づいていない」から褒める意味がある

私の知り合いのお医者さんに、リハビリテーション専門医の児玉万実さんという方がいます。児玉先生は、患者さんにリハビリ医療を通して、体の機能を改善させようと日々頑張っていらっしゃいます。

しかし、児玉先生のすばらしいところは、リハビリで機能が改善された人を社会復帰させる段階まで面倒をみることです。

相当の覚悟がないとできないことだと感じた私は、あるとき児玉先生に言いました。

「普通は体の機能が改善するまでしか面倒を見ないけど、社会復帰まで、長期的な視点を持って医療に取り組んでいるのがすばらしいですね。誰にもできませんよ」

児玉先生は、「いつもと同じことをやっているだけですが……」とおっしゃいました。

当たり前すぎて、自分のやっていることの尊さに気づいていなかったのです。

しかも、児玉先生は、機能を改善させるだけではなく、機能が悪くならないような予防法を広める活動もされています。

脳卒中の後遺症の麻痺《まひ》に対するボツリヌス療法という方法があるそうです。日本では50万人の方が、後遺症の麻痺に困っておられるそうです。

でも日本ではまだあまり知られておらず、治療できる先生がとても少ないようです。硬く麻痺した手足に注射すると、柔らかくなってリハビリテーションが進むという治療とのこと。

それだけでなく、児玉先生はこの治療の啓蒙活動や、硬くなりそうな方にはあらかじめ治療することで、麻痺を防いでおられるというのです。

その点も合わせて褒めると、恥ずかしそうに「ありがとうございます。患者さんの将来の健康や生活を考えてやっているだけなので……」とおっしゃいました。

児玉先生は当たり前のこととしてやっていたのです。

自分の優れた点には、なかなか自分では気づけないものです。

そういうところを見つけて伝えてあげることで、あなたは好感を持たれます。

自分の良いところを見てくれているということは、心強く、安心感を抱きます。

誰にでも、本人が気づいていない優れた点がひとつはあります。積極的に探し、相手に伝えてあげましょう。

第２章ポイント

・人間関係は人に会う前に、いい関係になるかどうかが決まっている！

・「作用反作用の法則」を知り、感情をコントロールする。

・人を安心させるのは、傾聴よりも観察。

・相手の当たり前を探し、「当たり前ではない」と気づいてもらう。

・悪口を言われたときほど、ポジティブな印象を与える大チャンス！

第3章

信頼される人がやっている
シンプルな習慣

〜あなたの言葉の力を最大にする7つのコツ〜

0 人を動かす3つのステップ

「あの人が言うことなら、やってみよう」

「あの人がやるのなら、協力しよう」

「あの人のために、頑張ろう」

相手の心をつかむと、影響力が高まり、人が動いてくれます。

人を動かす最大の秘訣は、尊敬されることです。

「尊敬されるように生きよう」と言われると、とてもハードルが高いように感じられるかもしれませんが、そうでもありません。

当たり前のことを当たり前にやるだけでいいのです。当たり前のことでも、やれない人が大多数です。当たり前のことができるのは一握りしかいません。

もちろん、いきなり尊敬されようとする必要はありません。尊敬を得るには、段階があります。

「信用される」→「信頼される」→「尊敬される」という段階があります。

言動一致の人間になる。

約束を守る。

情熱を持って前進する姿を見せる。

継続する。

誰にでも同じように接する。

相手の価値観を受け止める。

逆境にある人に寄り添う。

こんな当たり前のことですが、実行すると信用されます。そして、それを続けて積み重ねると、信頼され、尊敬されるようになります。

信用されるだけでも大きな効果がありますが、信頼、尊敬されると、驚くほどの影響力を持つことになります。

相手はあなたの言葉を受け入れてくれます。

あなたのために動いてくれます。

この章では、あなたが信頼、尊敬を集める人になるためのコツをご紹介していきます。どれも難しくありませんが、ごくわずかな人しか実行できていないことです。

ひとつでも実行すれば、あなたは自分の影響力が高まることを実感するでしょう。

1

気づかないフリをしてくれているけど矛盾は命取り！

「言動一致」の人間であることは、信頼を得るためにとても重要です。

言動一致とは、言葉と行動が同じであることです。主張と実際の行動が一致しているということです。

発した言葉通りに行動することで、「この人は信じられる」と思ってもらえます。

言動が一致しない人とは、つき合いにくいものです。言うこととやることに違いがある人とのコミュニケーションはとても疲れます。仕事では特に、言動一致しない人は敬遠されるでしょう。

言葉と行動に矛盾がないから人間関係は築けるのです。信頼関係を築きたいのなら、言動一致の姿勢を相手に見せることが必要です。

デザイナーのAさんが、ポスター制作の依頼を受けたそうです。

イメージを共有するための打ち合わせを行なうと、依頼主は「デザインはAさんにお任せします」と言いました。

こういう丸投げのときほど危険だと思ったAさんは、いくつかの案を見せました。それでも、依頼主は「Aさんの好きなパターンでつくってください」と言います。

Aさんは、自分の一番自信のある案でポスターを完成させ、納品しました。

しかし、納品した後に、依頼主は新しいデザインのポスターをつくるように言ってきたのだそうです。しかも、つくり直せと要求するのに、依頼主にはポスターのイメージがないのだそうです。

結局、3日ほど連続で夜中まで作業して、なんとか事なきを得たとのことでした。

Aさんはその後、この依頼主からの仕事はすべて断っているそうです。

「任せる」と言って丸投げしたのに、納品後にデザインをつくり直させるなど、依頼主はAさんのことを軽く扱っています。

依頼主は言動不一致のため、Aさんの信頼を失いました。この依頼主は他の人にも同じようなことをしているでしょう。

●私がライターさんからの評判を大切にする理由

私は取材をよく受けます。ライターさんは記事にしたり、書籍をつくり上げるために私の話を録音しています。しかも、その音声をくり返し聴いて文章化します。ライターさんには、私が言動一致の人間かどうかがわかってしまいます。

ライターさんからの評判は、自分の信用度を測るためにとても重要です。

発した言葉通りに行動すると、「この人は本当に言動一致の人だ」と信用してもらえます。そして、言動一致をくり返し見てもらうことで、信頼、尊敬を得ることができきます。

私の場合、言動一致を守っていたら、ライターさんが定期的に出版社に企画を提案してくれるようになりました。私のためにライターさんが動いてくれて、著者としての仕事がどんどん増えてきたのです。

言動一致するためには、自分の価値観や信念を明確にしておくことが大切です。自分の中に軸がなければ、言葉と行動が矛盾してしまいます。

・自分はどうありたいのか？

・どんな「目標」「夢」があるのか？

・自分は何が好きで、何が嫌いなのか？

ということを明確にしておきましょう。

これら3つを明確にして、自分の価値観と信念が固まれば、言葉にも行動にも一貫性が生まれます。

2 帯広↓羽田↓名古屋↓帯広↓千歳↓成田↓ベトナム 私が意地でも行った理由

東日本大震災が起こったとき、私はベトナムでの国際学会に参加するため、飛行機の中にいました。

帯広から乗った飛行機は、羽田空港で着陸することなく上空で旋回《せんかい》し続けました。結局、着陸することはなく、飛行機は名古屋空港へと向かい、着陸しました。最終的に、私の乗った飛行機は名古屋空港から帯広空港に戻ってきました。

帯広に帰ってきた私が考えたことはただひとつ。「参加をお誘いくださった方の顔を潰すわけにはいかない。学会が開催されるまでに絶対にベトナムに行く」

結局、帯広空港から千歳空港に移動し、そこから、成田空港に移動することができました。そして、成田空港からベトナムへ向かう飛行機に乗ることができました。ベトナムへの到着は当初の予定から5時間ほど遅れましたが、学会の開催には無事に間に合いました。

大変な状況だったので、「飛行機が飛ばない」と言えば、誰もが理解してくれたと思います。優しい言葉もかけられたでしょう。

しかし、ここでベトナムに行くのと行かないのでは、相手の私への信頼のレベルが変わります。約束を守るか守らないかで、大きな差が生まれるのです。「こんなときでも約束を守るのなら、つき合っても安心だ」と思ってもらえます。

ラジオの収録での話もご紹介しましょう。そのラジオは、365話の音声を収録し、毎日放送するというものでした。365の話が必要なので、たくさんの収録が必要です。今まで何十回も収録をしていました。

あるとき、スタッフさんと私のやりとりに行き違いがあり、私は私で、スタッフさんはスタッフさんで、各々別の日を収録日だと勘違いしていました。

スタッフさんから「先生、大丈夫ですか！」と電話がありました。

私が収録日を勘違いしていたことを伝えると、「今まで何十回も収録をやってきましたが、時間に遅れていらっしゃったことがないので、事故にでも遭《あ》われたのではないかと心配しました」とおっしゃいました。普段、約束を守っていると、収録できなくても、相手は怒りの感情を抱くことなく、心配してくれるのです。

このとき、「ああ、信頼してくれているんだな」と感じました。いい関係が築けたこともあり、そのスタッフさんは後日別の仕事も依頼してくれました。

●あなたのお金を奪う人を許せますか？

信用される人は、約束を守る人です。約束を守り続けると、信頼関係が築かれます。

約束を守るという当たり前のことですが、相手の心をつかむためには必要不可欠です。

私は、仕事の時間や期限をとにかく守るように心がけています。

本の原稿チェックは、締め切りの少し前に提出します。

打ち合わせや取材、動画・音声教材の収録場所への到着も、5分前には着くようにしています。

手術の開始時間は守りますし、終了予定時間も意識して守るように心がけています。

約束を破るということは、相手の時間を奪うということでもあります。

それは、相手のお金を奪うということです。

他人の時間は無料ではありません。1月いくら、1日にいくら、1時間いくら……とお金が発生しているのです。

自分に置き換えて考えてみてください。あなたのお金を奪う人を許せますか？　相手に対していい感情を持てますか？

とにかく、約束を破るということは、相手のお金を盗むことに等しいと意識することです。そうすると、約束を守ることができるようになります。

3 応援される人が「共感」を得るために見せるものとは？

以前、ＴＳＵＴＡＹＡビジネスカレッジ作品人気投票にノミネートされたことがありました。

これは、ビジネスに関するＤＶＤの作品の中からＢＥＳＴ10を選ぶイベントでした。

簡単に言ってしまうと、当時のビジネス書の人気著者達のＤＶＤの人気投票です。

当時の私は、まだ駆け出しの著者でしたし、自己啓発業界のマーケティング法についてもよくわかっていませんでした。当然、他の著者の方々のように投票してもらうために、お客さんとつながる手段も持っていませんでした。

顧客リストもありませんでしたし、SNSも今のように発達していませんでした。しかし、ノミネートされたからにはグランプリをとりたい！ TSUTAYAの私の担当の方がせっかく推薦してくれたので、期待に応えたかったのです。私が本気で頑張る姿を見せられるかどうかで、今後の評価も大きく変わると感じていました。

悩んだ私は、出版社、知り合いの著名人に応援をお願いしました。結局、多くの人にご協力いただき、グランプリを獲得することができました。

これは、1位を絶対にとると決意し、情熱を持って前進している姿を見ていただいたからです。情熱を持って目標に向かっていることを人に伝える。これは、応援されるための絶対条件です。

情熱を持って目標に向かうと、その姿を見てくれた人が共感してくれます。共感してくれた人は、協力してくれます。

人は、誰かが成功へ向かっている過程を見ると、その成功を共有したいと思うものです。芸人さんを応援する、アイドルを応援する、アスリートを応援するのは成功の過程を見ていて、成功物語を共有したいと思うからです。

あなたが情熱を持って目標を達成したら、人はあなたと自分を重ね合わせて想像します。自分もやりたい、できるという感覚を持つのです。

自分にエネルギーをくれたあなたに、好感を持ってくれます。

情熱を持つには秘訣があります。それは、過去を基準に目標を立てないことです。

これは、私の歯科医院の経営でもそうなのですが、過去の売り上げや利益を基準に目標を立てると、能力を最大限に引き出せず、そこそこの結果しか出せません。

原因は、内側からエネルギーを生み出せないからです。目標を立てるのなら、自分の理想のゴールを設定してください。

自分の心が喜ぶからエネルギーが生まれ、情熱的に動くことができます。

人についてきてもらう、惹きつけるためには、自分の内側からエネルギーを生み出すことがカギです。

4 逆努力の法則を知ると継続力が高まる！

「続ける」ことは、私たちが信用、信頼、尊敬を得るために最も有効です。

継続には、高い能力が必要ありませんし、才能も発想力も必要ありません。ただ、やればいいだけです。

私はフェイスブックで「価値ある人生を送るための考え方」を約15年間、毎日投稿しています。

ジムに10年以上通っていますし、ボクシングも始めて7年がたちました。

ウイークデーは北海道で歯科医師として仕事を行ない、週末は東京に来て、著者、講演家、コーチとして仕事をする生活を約15年続けています。

書籍も15年間出版し続けています。

先にも述べましたが、フェイスブックの投稿に関しては、体調が優れないときも、仕事が忙しいときも、講演があったときも、両親が亡くなったときも投稿してきました。

「どうして、そんなことができるのですか?」とよく言われますが、難しいことではありません。誰にでもできることです。

スキマ時間に投稿の準備をしておけばいいだけだからです。

数日先の投稿分まで文章を作成しておき、どんな状況でも毎日投稿できるようにしています。

日々生きていればいろんなことが起こりますが、「文章を書く時間が全くない」という日は今まで一度もありません。**行動の積み重ねが、大きな成果となっている**のです。

●潜在意識の逆努力の法則を知ると、挫折しなくてすむ！

継続していると、「この人はしっかりした人だな」「結果にこだわる人だな」「何がなんでもやり抜く人だな」と認識されるようになります。

継続する人は、信用され、信頼され、最後には尊敬されるのです。「この人の言うことならやってもいいかな」と思ってもらえるようになって、影響力を持つことになります。

勉強・スキルアップ、情報発信、運動、人を応援することでもなんでもいいのです。継続している姿を見せると、影響力を得られます。

ただし、何事も「とりあえずやってみよう」という気持ちでは続きません。私は今まで書籍や講演で、継続のコツをたくさんお話ししてきました。

小さな成功を積み重ねる、ハードルの低い行動を設定する、三日坊主をくり返す、挫折しない計画を立てる……など、いろんなコツをお話ししてきました。

テクニックはいくつもありますが、一番大事なのは継続によって得られるものを明確にすることです。理想の自分を明確にしましょう。そして、それが必ず得られるとイメージすることです。これが潜在意識の力を使った継続のコツです。

潜在意識は、あなたが願望を持ち、達成のイメージを持つと成果を得るように働きます。願望があっても不達成のイメージを持てば、結果は得られません。

これは、「逆努力の法則」と言われる潜在意識の法則で、この法則があるため、習慣がなかなか続きません。

欲求と想像力が争う場合、必ず想像力が勝ちます。

床に置いた板を渡ることは誰にでもできます。しかし、2棟の高層ビルの屋上に板を置くと、その板を渡ることはできなくなります。

板を渡って移動しようという願望よりも、落下する想像力が勝つからです。

継続によって得られる価値を明確にして、それを獲得するイメージを重ねていきましょう。このイメージに理屈は必要ありません。ただ、達成のイメージをくり返し行なってください。イメージを積み重ねていくと、潜在意識が働き、理想の現実が形づくられます。願望を持ち、達成のイメージをくり返すのが習慣化のコツです。

5

「他人に期待しない」と決めておくと、平等に接する心が生まれる

経営者の中には、社員には非常に厳しく、外部の人にはとても物腰が柔らかい人がいます。こういう経営者のことを、社員は絶対に信用しません。もちろん尊敬することはありません。社員の幸福度は低く、安心感も得られないので、経営も悪い方向へ傾いていきます。

一方、人を平等に扱う経営者は、信頼を得て、チーム、会社の力を高めます。もち

ろん、活躍した人の待遇を良くすることは当然しますが、活躍できない人を軽く扱うということはしません。

人間力のある経営者に対しては、社内の人々も「この人の役に立とう」と思うものです。私自身、勤務医だった若いころ、新人でも一人前の歯科医師として扱ってくれた院長に対して、そう思っていました。

そういうこともあり、私は医院のスタッフにも、仕事の関係者にも、誰にでも同じように接するように心がけています。

人によって接し方を変える人は、人の心がわからない人です。

人間関係は、相手がいかに幸福度を高められるかを考え、価値観や、その人が大切にしてきた文化を理解し、接するとうまくいきます。

あるとき、飛行機で、隣の席の方とお話をする機会がありました。その方は、ハーバード大学、ケネディスクールの同窓会の方で、面白いお話を聞かせてくれました。

国際政治学者でハーバード大学特別功労教授のジョセフ・ナイ氏は、ソフトパワーの大切さを説いているのだそうです。国際関係は価値観や文化を大事にすることでうまくいくとのこと。人間関係もこれと同じだと私は思いました。

誰にでも平等に接する秘訣は、人に何かを求めないことです。

私は他人の力によって、引き立ててもらいたい、人脈をつかみたい、チャンスをつかみたい……というような気持ちがありません。昔から、人生は努力と運が重要だと考えているので、他人に期待してもあまり意味がないと思っているからです。

実際に、学生時代から今まで、適切な努力をすればなんとかなってきましたし、運が味方したときはより大きな成果が出せました。

他人に期待する人は、心の底で他人の力で利益を得ようと考えているのです。

損得で人とつながると、無理のあるキャラクターを演じることになります。本来の自分ではない自分を保つのは、心を消耗させるので、続けられるものではありません。「他人の力によって何かを得ようとしない」、こう決めておくと、思考と心はブレなくなります。

無理なく、誰にでも同じように接することができるようになります。

6

無条件に受け止めるから信頼される

人間関係がうまくいくかどうかは、相手に会う前に決まります。

人と会うのなら、事前に相手のことをよく調べておくことが大切です。

下調べを全くせずに人と会う人がいますが、コミュニケーションが下手な人であり、良い人間関係を構築できません。

私は対談をすることがよくあります。そのときは、必ず相手のインタビュー記事や著作を読み、動画を観ておくようにしています。思考や発言の傾向、プロフィール、身振り手振りなど、その人の情報を調べられるだけ調べるのです。

この下準備が、相手を理解することにつながり、相手の価値観を知ることができます。人間関係で大切なことは、相手の価値観を受け止めてあげることです。

自分の価値観が認められると、人はうれしくなります。

逆に、自分の価値観が受け入れられないと、悲しくなったり、寂しくなります。残念な気持ちになりますし、内心おもしろくありません。

自分のことをわかってくれているという安心感は、信頼につながります。

正しいとか、正しくないということはジャッジせず、相手の価値観は無条件に受け止め、否定しないようにしましょう。これは、大前提として覚えておいてください。

相手の価値観を受け入れる必要はありません。相手の価値観を自分の中にも入れるというようなことをする必要はありません。

しかし、拒絶せず、初めは必ず受け止めるようにしてください。価値観を否定されると、相手はあなたを警戒しますし、いい印象は絶対に持ちません。

7

下り坂のときは寄り添うべきだが注意が必要！

上り調子のときには、人は勝手に集まってきます。多くの人が、つながりを持とうと寄ってきます。

あなたの人間としての価値が試されるのは、相手が悪い状態、下り坂のときにどれだけ寄り添えるかです。

人はいいときに近寄って来た人のことは信用できませんが、**逆境のときに支えてく**

れた人への恩は忘れませんし、信頼します。

自分の仲間が困っているのなら、寄り添ってあげてください。助けられるのなら、力を貸してあげてください。

何よりあなたの人間としての器が大きくなりますし、相手から信頼されます。

私にも今まで逆境と言える状況が何度かありましたが、その都度支えになってくれた人がいます。

その人のためになるのなら、私は力を貸します。

いのうえ歯科医院には、脳梗塞《のうこうそく》で障害を負った先生が働いていました。根気強く仕事をしてもらい、徐々に社会復帰してもらいたいと思っていました。

障害が残ったからといって、何かをあきらめてほしくはありません。高い目標を持って仕事に向かってほしいと願いながら、言うべきことは遠慮《えんりょ》なく伝え、指導しました。

私は仲間が逆境にいるとき、寄り添える人間になりたいと思っています。

逆境のとき、人は心も体も消耗しています。何を考え、どう動いていけばいいのかも見えてきません。そんなときに、寄り添ってくれる人がいると、とても心強いのです。

ただし、ここでひとつだけ注意するべきことがあります。

仲間が弱っているときには寄り添わなければなりませんが、相手の気持ちを理解してあげる必要はありません。

弱っている気持ちを理解して影響を受けると、あなたの心も弱く、ネガティブに傾くからです。

気持ちをわかってあげるのではなく、ただただ寄り添い、助けてあげることが大切です。

あなたの心が弱ると、潜在意識はネガティブな現実を実現させるために働いてしまうので注意が必要です。

人から信頼を得られると、あなたの言葉の価値が高まります。

「この人の言うことなら信じられる」

「この人の言うことなら実践しよう」

あなたの言葉を受け入れてくれるのです。

いきなり、信頼を集める必要はありません。まずは、言動に気をつけて、信用を得てください。

信用される言動を重ねると、信頼が得られます。信頼を積み重ねると、いつの間にか尊敬される人に成長します。

尊敬されたときに得る影響力は、とても大きなものです。

第３章ポイント

・言葉と行動を一致させるコツは、好き嫌いを明確にしておくこと。

・質も何も考えず、ただただ続けた人が、尊敬されている。

・欲望とイメージの戦いは、必ずイメージが勝つと知っておこう。

・「期待しない」ことで、無理なキャラを演じるのを避ける。

・仲間の逆境は絶対に寄り添うべきだが、心を理解してはいけない。

第4章

価値ある存在になる「魅力を磨く」習慣

～「あなたとつながりたい」と思われる人の12のコツ～

0

価値がある人だから、魅力がある人だから、相手は心惹かれる

私は今の時代、カリスマになる必要はないと考えています。孤高の存在となるよりは、好感を持ってもらえる人になるべきだと考えています。

しかし、一方で、その他大勢と同じような存在でいいわけはありません。

あなたは独自の価値がある人間でなければならないのです。魅力ある存在にならなければなりません。

その他大勢の人と同じような人物となっても、誰も支持してくれません。

あなたに他の人と違う魅力があるから、人は興味を持ってくれますし、支持されるのです。

その他大勢の人から抜け出すためには、

・むやみに人とつながらない
・みなと同じような考え方、行動をしない
・ひとりの時間を大事にする
・独自のプロフィールをつくる
・ひと味違う雰囲気を身にまとう
・人と違うコミュニケーションをする

というコツがあります。本章では、これらのことをお話ししていき、独自の魅力、価値のある存在になる方法をご紹介していきます。

1

多くの人から支持されなくていい！つながるのは4％でいい！

私たちは、周りの人々と調和することの大切さを小さなころから教えられます。たしかに、仕事でもなんでも、人と人が協力するから大きな成果が生まれます。

自己啓発書でも、「人との出会いによって人生が切り拓《ひら》かれる」というようなことはよく言われます。

小さなころからの教育で、私たちは誰とでも仲良くし、つながろうとしてしまいます。

しかし私は、「むやみに人とつながってはいけない」と考えています。

人と調和して協力することと、人とつながることはイコールではありません。

あなたにとって価値のある人とつながるのなら意味はありますが、必要のないつながりは無意味です。

●「80対20の法則」の「80対20の法則」

「80対20の法則」というものがあります。成果の80%は、20%の要因から生まれるという法則です。あなたにとって価値のある人は、全体の20%ほどしかいません。もっと言うと、20%の中でも「80対20の法則」があり、100人のうちあなたにとって重要な人は4人ほどしかいないのです。

つまり、自分にとって価値のある人は驚くほど少なく、ほとんどのつながりは意味がないということです。

何も考えずに、人とつながろうとする人がいます。一度しっかり、この人とつながって本当に価値が生まれるのか、と考えてみてください。自分に必要のない96%の人と安易につながってはいけません。

96％の中には、あなたに依存してくる人、あなたの足を引っ張ってくる人、あなたの感情を乱す人、あなたを消耗させる人、あなたから何かを奪おうとする人がいます。

あなたがつながるべき人は、

- **自分より優れている人**
- **つき合うと学びがある人**
- **積極的な精神を持つ人**
- **一緒にいるとエネルギーが高まる人**

です。あなたをポジティブな気持ちにさせ、成長させてくれる人とつながりましょう。

少数でもこういった人たちとつながり、支持されることに意味があります。大勢の人から支持される必要はありません。価値ある人物から支持されることが大切です。

つながる人を見極めなければ、時間などのあらゆることをムダにしてしまいます。

2 「つながりたいと思われる」ことが自分を守ることになる

人とつながろうとする前に、「つながりたいと思われる人間になる」べきだと私は考えています。あなたとつながることで、相手が価値を感じる人間になりましょう。

コミュニティに所属することで安心してしまう人が多過ぎると私は感じています。多くの場合、所属する人は、コミュニティから搾取《さくしゅ》されることになります。

海外のある大企業の副社長が言っていたことが私の心に残っています。

「コミュニティに所属しても、その恩恵によって自分のビジネスを成功させられる人はほとんどいない。コミュニティの集まりに行くくらいなら自分の専門性が高まる、勉強をしたほうがいい」

長く特定のコミュニティに所属して、頭角を現す人はほとんどいません。

所属すると、同じような考え方、行動をするように教育されます。長い時間がたって正気になると、「このコミュニティに所属していても何も得られていない」という悲惨な結末に気づく人も少なくありません。

長期間コミュニティに所属するということは、その他大勢の中のひとりになるということです。その他大勢の中のひとりでしかない人物を、誰が支持してくれるのでしょうか。そんな人の言うことに誰が心を動かすでしょうか。

コミュニティに所属するのは、スキルなどの必要なものを得るためです。得たらすぐに離れてください。コミュニティにお金を上納する人間であり続けてはいけません。

あなたは価値ある存在となり、人の心を惹きつけられる人間にならなければなりません。他の人と何か違うからこそ、人はあなたに魅力を感じてくれるのです。

3

一度つながったら100%大切にする覚悟を

ここまで、人と無理やりつながらなくていい、とお話ししてきました。

ただし、一度つながったのなら、その人のことは100%大切にしてください。

つながったということは、あなたが相手に価値を感じているからです。**必要だからつながっている重要な人です。**

つながった人は徹底的に応援し、協力しましょう。相手にとって必要な情報はどんどん共有しましょう。

私には、15年以上ビジネスを続けている仲間がいます。

もともと、ある会社が私の本やセミナーの事業を行なってくれていたのですが、そのときの担当者が長倉顕太さんでした。

あるとき、長倉さんが独立することになりました。私は、長倉さんのことを絶対に大切にしなければならないと思っていました。私が自己啓発の世界で頭角を現せたのは、長倉さんのおかげだったからです。その会社とのおつき合いがなくなっても仕方がないと思いました。人がチャレンジするとき、心細い気持ちになっているときほど力を貸すべきです。

長倉さんは、今でも私と継続してビジネスを行なってくれています。しかも、私の人生の節目節目で、記念パーティやセミナーを開催してくれます。書籍を出版すると、いつも紹介してくれます。

一度、つながった人は絶対に大切にしましょう。信頼され、強いきずなが生まれます。

4

思考と行動の違いを生むための「自分時間」捻出法《ねんしゅつほう》とは？

「〇〇しましょう」という文章を私がSNSで投稿すると、たくさんの賛同の意が示され、「実践します」というコメントをいただきます。

しかし、私が著者ではなかったらどうでしょうか。「〇〇しましょう」と発信しても、スルーされて終わりです。私が著者であるのとないのでは、影響力に大きな差があります。

なぜ、私は著者になれたのか——。振り返ってみると、単純に**「ひとりでいる時間が長い」**からではないかと思います。

みんなと一緒にいたら、自分独自の考え方や行動の土台が形づくられません。また、ひとりでいるから仕事の専門性も高まります。

人と一緒にいる時間は、思考も行動も影響を受けます。ひとりの時間をつくり、自分に時間をかけることが大事で、その時間が自分の価値を高めます。

空想するのも、勉強するのも、ひとりの時間があるからできるのです。自分に時間をかけるから、成長し、他と違いのある人間になれます。知らない世界を知る、知識を深める、将来のイメージを広げる、これらはひとりの時間でなければできません。

私がおすすめするのは、移動時間をあえてつくることです。私は北海道と東京を行き来する生活をしています。講演依頼もあり、全国各地を回っています。

この移動の時間こそ、最上のひとり時間だと感じています。

電車やバス、タクシーをあえて使ってひとり時間をつくってみてください。毎日、少しでもひとり時間をつくることで、オリジナリティが自分の中に生まれます。

5
しらふで生きる。何かを得るには、何かを手放す必要がある。

ワインや日本酒など、食事に合わせてお酒を飲むことは人生を充実させます。また、お酒の席でのコミュニケーションはうまくいくとも言われています。

しかし、私はあるとき、お酒を飲まないと決めました。私も大学生まではお酒をたしなんでいましたが、大学院に入ったときに、お酒を断つことに決めたのです。

当時、私が入った大学院は、修了までに6年は最低かかると言われていました。私はそんなに時間をかけたくなかったので、必ず4年で修了すると目標を設定しました。そのため、一刻も早く、研究で成果を出さなければなりません。

ここで邪魔になるのがお酒でした。お酒のつき合いは時間を奪います。また、お酒を飲むと頭の働きが鈍ります。目標達成のためには、お酒を断つしかありません。

お酒をやめたせいだけではなくいろんな要素があったとは思いますが、私は4年で大学院を修了することができました。ただし、お酒を飲み続けていたら、もう少し修了まで時間がかかったのではないかと思います。

私の場合はお酒でしたが、みなさん各々ムダなのにやってしまっていることがあるでしょう。**ムダなことに時間を費やしてしまうことはやめましょう。**

私はお酒をやめたおかげで、少し早く社会に出て、歯科医師としてスタートダッシュを切ることができました。そのおかげで、臨床実績も積めましたし、自分の医院の診療だけではなく、国内外の大学で役職を務めることもできました。留学もできました。

元K1世界王者の魔裟斗さんも、「何かを得るには、何かを手放す必要がある」とおっしゃっています。

6 あなたの魅力が高まる「二刀流のプロフィール」のつくり方

日々、漫然《まんぜん》と生きていると、自分に付加価値がついていきません。

自分は「どういう社会的信頼を得たいのか」「どういう役職につきたいのか」「どういうことをやっていきたいのか」「どういう実績が欲しいのか」……。

こういった得たいものを意識しながら日々生きるべきです。ただ与えられた仕事をして、疲れて帰る。好きなこともない。これではいつまでたっても、自分の価値が高まっていきませんし、心身共に消耗するだけでエネルギー不足になってしまいます。

私は著者ということもあり、プロフィールを意識して日々生きています。「こうなろう」「こういう特徴を持ちたい」「こう見られたい」というイメージがあります。

プロフィールがしっかりしている人としていない人、特徴がある人とない人、どちらに魅力があるでしょうか。

まずは、仕事の専門性を高めていきましょう。同時に、仕事以外の活動も行なっていきましょう。趣味でも、読書でも、筋トレでも、なんでもいいのです。**長く続けていると、それはあなたのプロフィールを魅力的にします。**

私は歯科医師としての専門性を高めることに集中していましたが、同時に、世界中の成功プログラムを学んでいました。自己啓発を教える人間になるなどとは思ってもいませんでしたが、プログラムを学んだことでもうひとつの専門家の顔を得たのです。

今では、著者と歯科医師の二刀流のプロフィールを得ました。このプロフィールは私の武器です。

プロフィールを意識して生活することで、価値ある存在へと成長できるのです。

7

「必ず勝てる」場所を見つけるために1を足していく

二刀流のプロフィールを手にすると、他者に勝てる場所が必ず見つかります。

私の本業は歯科医師です。当然、多くの優れた歯科医師が全国にいます。大学の教授など権威を持つ人もいます。しかし、私は著者であり、歯科医師としても実績があります。これは、他の歯科医師とは大きな違いがあります。

逆に、自己啓発の業界には多くの著者がいます。しかし、私は、歯科医師という本業がある著者です。本業があるということは、心に余裕が生まれます。

本や教材、セミナーなど、目先の利益を追い求めなくていいので、内容にこだわることができます。内容にこだわると、より多くの人から支持されるといういい循環が生まれます。

また、出版社とも、報酬の条件面でバランスをとることができ、双方メリットを享受する関係を築けます。これは、編集者や出版社に「また仕事をしたい」と思ってもらえる理由のひとつでもあると思っています。

本業も頑張り、自分の興味がある分野、好きな分野も同時に究めていきましょう。

私は今、著者と歯科医師の二刀流ですが、経営のノウハウも蓄積してきました。医院の経営の経験もありますし、経営学博士でもあります。著書やセミナー、コーチングのビジネスも好評です。マネジメントスキルも学んでいます。

そのため、いつか企業経営のアドバイスをする仕事もやってみたいと考えています。

そうすると、**三刀流となり、独自の価値のある存在になれると考えています。**そうなれば、必ず他の人に勝てるのです。

8

目には見えないけれど、誰もが何となく感じてしまう雰囲気を変えるには？

見えない部分なのでおろそかにしてしまいがちですが、独自の雰囲気を身にまとうことはとても大事です。

「この人は他の人と雰囲気が違うな。なんだかすごそうだな」と、あなたも感じたことがあるのではないでしょうか。雰囲気は、習慣と環境によって生まれます。

手っ取り早く雰囲気を変えるなら、身を置く環境のレベルを上げることです。

チェーン店のコーヒーばかり飲んでいるのと、一流ホテルのラウンジでコーヒーを飲んでいるのでは、自分自身の気持ちや身にまとう雰囲気に違いが生まれます。

たとえば、私は優秀な若者と会うと、和食のお店、銀座稲葉の朝食を食べに行くようにすすめます。朝食は夕食に比べるといろいろな点でハードルが低いメリットがあるにもかかわらず、そこに集まる人々は一流の人です。

初めのうちはマナーがわからず、居心地が悪いかもしれません。しかし、そこで試《し》行錯誤《こうさくご》し、その場に慣れたとき、その人の雰囲気は必ず変わります。

さらに、自分も必ずそこにいる人と同じレベルの人間になると確信すると、より効果があります。

弱気になったときは、「私は成功しつつある」「私は達成しつつある」というアファメーションを自分に投げかけてください。これは心の抵抗がなく、前進するための有効なアファメーションです。

雰囲気を変える最大のメリットは、実は自分の心が変わることです。自信のある自分に変わると、何事をするにも勢いが出て、成果が出やすくなります。

9

映画トレーニングで多角的に見るクセをつける

人と違う価値を持つ人になるには、人と違う結果を生み出す必要があります。人と違う結果を出すためには、人と違う考え方をしなければなりません。

私は常に「私だったら〜」と考えるようにしています。

その考えが正しいか正しくないかは関係ありません。とにかく、他の人と違う見方をするクセをつけてみてください。

たとえば、「この方の手術は難しいな」という患者さんがいらっしゃるときがあります。「骨がないから治療が難しいな」というようなときがあるのです。

しかし、「できない」とは考えません。「他に違う方法がないかな」と考え続けていると、あるとき「こうすればできる!」というアイデアを思いつきます。

いつも違う視点を持つ意識付けをすることで、結果が得られるのです。

私は本を読み終わると、自分なりのあとがきを考えるようにします。「自分だったら、こういう終わり方をしたい」というような想像をするのです。これは、とてもいい思考トレーニングになるので試してみてください。

また、映画やドラマを観たときも、**自分だったらどういうキャストにするかな**、とよく考えます。ただ単純に好きなキャストを選ぶだけでは思考のレベルが上がりませんので、俳優さんが抱えるファンの年齢層などを考慮しながら、「ヒットさせる」ということをテーマに考えてみてください。

思考のトレーニングをくり返していくと、人とは違う価値を生むことができるようになります。他の人と違いがあるから、魅力ある人物になれるのです。

10

誰にでも使うな！言ってはいけないコミュニケーション術

最近では、人に対して厳しい言葉をかけることはリスクになります。

しかし私は、結果を出すためにわざわざ話を聞きに来てくれる人には、時に厳しいことを言うようにしています。もちろん、理不尽な怒り、理由がわからない怒りをぶつけてはいけません。アドバイスが相手の心に響かなくなるからです。

結果にフォーカスしている人に、やさしい言葉ばかりをかけても、物足りないはずです。**成長を求める人には、まだまだやれる部分を伝える**ようにしています。

あるトップアスリートの方とお話しする機会がありました。その方がやっているスポーツは器具を使います。

その方は私に「肉体はめいっぱいトレーニングしたので、あとは器具次第です」と言いました。その方は、世界1位にもなったことがあるようなトップ中のトップです。

肉体に限界を設定しているな、と私は感じました。そこで、「肉体もまだ伸ばせる部分があります。未来を決めすぎています。それでは、結果は出ません。未来をデザインしましょう」とアドバイスしました。

過去の経験からものを考えると、予想以上の結果は出せません。

私は、結果にフォーカスしている人に対しては、思い切って厳しいアドバイスをしています。あなたも、親しい人、身近な人には思い切ったコミュニケーションをとってみてください。ズバッと核心をついてください。

今は当たり障りのないコミュニケーションばかりの世の中なので、あなたの存在は貴重になります。かえって、信頼されるのです。

11

魅力を高めるスピードが速い人の3つの特徴とは？

魅力を高めるための大原則は、「人の話を素直に聞く」ということです。成長のためには学びが必要ですが、そのためには誰かから教えてもらわなければないからです。話の内容に対して、質問できる人はもっと魅力を高めます。「この学びを自分のために活かすにはどうすればいいのか？」を真剣に考えているということだからです。

さらに、話の内容を実践できる人は価値ある存在となっていきます。

以前、私の医院で働いていたドクターは素直な方で、どんどん魅力的な人になっていきました。成長のスピードが速く、今では立派に独立しています。

私の書籍が発売されると、すぐに読んでくれていました。診療開始前に私の部屋に立ち寄り、疑問に思った点は質問し、できることを実践していました。

素直に話を聞くコツは、**「何を得るために相手の話を聞くのか」**を明確にしておくことです。得られるものがわかれば、真剣に聞くことができます。

質問するときのコツは、**「自分の仕事に活かすには、この学びをどう改良すればいいのかな？」**と考えてみることです。ノウハウを応用させるときには、「どうすればいいのかな？」と思うことが出てくるので、その点を質問すればいいのです。

実践のコツは、**とにかくすぐにやること**です。期間をあけると実践が面倒になるのが人間です。たとえば、本の話で言えば、全部読んでから実践しようとしないことです。１項目読んだら実践してしまいましょう。

また、素直に聞ける人は、相手へのリスペクトや感謝の気持ちを持てる人です。そのため、相手との人間関係も当然良いものになります。

12 社会的信用がある人は持っている時間感覚とは？

社会的に信用のある人とはどんな人でしょうか。

それは、長期的に社会に貢献している人。

長期的につながっている仲間がいる人です。

キーワードは、「長期的」ということに気づけるでしょう。長期的に物事を考えられる人が、社会的に信用されるのです。

目先の問題だけにとらわれず、将来の目標や不確定要素を見据えて、判断、行動していく人は、それだけで尊敬に値します。

では、長期的な視点を持てる人はどういう人でしょうか。

それは、自分の理想のイメージを持っている人です。

理想のイメージを持つということは、短期間ではかなわない目標を持つということにほかなりません。

それは、過去の実績や今の能力をもとにしてつくるものではありません。自分が満足できるイメージをつくり上げてください。

「自分が万能である場合、理想とはどのようなものか?」と考えてみましょう。時間、お金、才能、能力に制限がないとして、理想の状態をイメージしてください。

理想のイメージができたときに、「これは叶えるのに時間がかかるぞ……」と思えたときは、そのイメージは本物です。

短期間では叶わない目標ができたということなので、長期的にものを考えられるようになります。長期的思考ができる人は、大きな価値を生み出せる人です。

第４章ポイント

・「１００人中96人は自分には必要ない人」だと割り切る！
・あえて移動時間をつくることで自分の価値を磨く。
・人生を現実的に考えると、「見せるプロフィール」が必要。
・自信をつけるために一番にやることは、雰囲気を変化させること。
・「あとがきトレーニング」で独自の視点、発想を鍛える。

第5章

すべてを手にする人の「与える」習慣

~お金、仕事、人、情報が集まる8つのコツ~

0 与える人こそ人の心をわしづかみにする

慕われる人は、与える人です。

自分の持っているものを惜しみなく与えてくれる人に、人は感謝し、心を動かされます。

私自身、今の状況になるまでに、いろんな人から、いろんなものを与えてもらったと感じています。

「人と人をつなぐ」「優良な情報」「安心感」「アドバイス」……など、与えるべきものはいろいろとあります。

また、どんなタイミングで与えればいいのか、迷うところでしょう。

この章では、

・与えるタイミング
・人と人のつなぎ方
・人脈と情報を得る方法
・アドバイスの技術

を紹介していきます。

与えて自分の中にあるものを減らしていくことで、何かを得るための意欲も生まれてきます。

与えることで、相手の心をつかみ、さらに自己成長もできるのです。

1 成功前に力を貸して成功後には距離をとる

誰もが知っている大ベストセラーを世に送り出し、今では出版社の編集長になっている上江洲安成さんという方がいます。

私は上江洲さんがまだいち編集者だったころに、本を一緒につくりました。ただ本をつくってもしかたがないので、販売促進を兼ねて上江洲さんの地元で書籍出版記念のイベントを行なうことにしました。

「やるからには沖縄コンベンションセンターで、1000名以上のお客さんを集めるイベントにしよう」と2人で話し合い、決めました。

お客さんに参加してもらうために、ラジオに出演したり、小規模の講演会を行なったり、書店にチラシを置いてもらうための営業活動を2人でコツコツ行ないました。

2人で協力し合って頑張ったおかげで、たくさんの方にイベントに参加していただきました。

出版にイベントを組み合わせて販売促進を行なった経験は、2人にとってとても良い経験となりました。お互いにひとつの成功体験を得たのです。

お会いすると、よくそのときの話になります。あの経験がその後のプロモーションの土台になったと話されます。

上江洲さんとは長いつき合いとなり、私の節目節目の重要なイベントに足を運んでくれますし、定期的に一緒に本もつくっています。いい関係が築けています。

私は成長段階にある人に対しては、自らできることを考えて、精いっぱい協力すると決めています。その逆に、成功した人とは少し距離をとるようにしています。

人は成功してしまうと、特に何かを与えてもらう必要がなくなります。だからこそ、相手が成功するまでの間に、自分がやれることを惜しまずやることが大事です。

相手がまだ何者でもないときに協力するから意味があります。

成功したら、人が群がってきます。でも、まだ成功をつかんでいないときには、なかなか人は集まらず、協力してくれる人も少ないものです。

私自身、先が見えない時期、迷いながら懸命に頑張っている時期に、手を差しのべてくれた人のことを忘れません。

「あの人がいたから、今の自分がある」、こう思います。相手に心をつかまれたのです。

あなたの周りに達成に向かっている人がいたら、損得勘定を抜きにして、自分が持っているものを惜しみなく与えてください。

すでに成功している人は、ある意味すべてを持っています。積極的に何かを与えようとしても、かえって迷惑です。

一方で、道半ばのときに力を貸してくれた人のことは忘れられません。

2

何年も実現できないことを一瞬で実現させてしまうものとは？

人に何か与えるとき、最も意味があるのが人を紹介することです。人と人をつなげると大きな成果が生まれます。

人とつないであげることで、あなたの周りの人の仕事がうまくいくのであれば、積極的に紹介してあげましょう。

私は仲間が何かを成し遂げようとしているとき、**達成までの期間が短縮できるよう**

な人を紹介するようにしています。

つき合いのあるインプラントの会社が海外進出するときには、その国の大学教授を紹介しました。

紹介の効果は大変強力です。何年も実現できなかったことが、一瞬でできたりします。それだけに、紹介は相手にとってとても意味があります。

ただし、紹介にはリスクがあるので注意が必要です。安易に人と人をつないではいけません。紹介しても不義理をする人がいるからです。あなたの評判を傷つけることになります。

あるとき、大学院の同級生から、弁護士を紹介してもらいたいとお願いされました。私は優秀な弁護士を紹介しました。

しかし、彼は自分の仕事の都合で、弁護士との面談のリスケをくり返していたようなのです。

優秀な弁護士なので、たくさんの仕事を抱えています。また、リスケをくり返されると、その時間の報酬は発生しなくなってしまいます。損してしまっています。

私の知り合いだから引き受けてくれたのに、その弁護士の方にはとても失礼なことをしてしまいました。

この場合、紹介した私に責任がのしかかってきます。誰でも紹介していいわけではない理由はこういうことになるからです。

では、どういう人なら紹介してもいいのでしょうか。それは、

- **約束を守れる人**
- **考え方に軸がある人**
- **成長の意欲がある人**
- **感謝の気持ちを持つ人**
- **誠実な人**

です。しっかりと人を選んで紹介しないと、あなたの評価が下がってしまうこともあるので気をつけてください。

3 紹介したらフォローは無用！依存させないこと！

人を紹介すると、最後まで面倒をみなければならないと考えてしまう人がいるようです。しかし、わざわざアフターフォローをあなたがする必要はありません。

そんなことをやっていると、いくら時間があっても足りません。フォローのお願いをされたときだけ、助けてあげればいいのです。

あれもこれもしてあげて……という親切な人もいますが、やることが増えるだけです。

あなたにはあなたのやるべきことがあります。時間は有限なので、余計なことまでやるのはやめましょう。

自立するように人を応援するべきです。依存するような人にしてしまってはいけません。

依存される原因は、何でも言うことを聞いて、おせっかいをするからです。なんでもやってくれる人がいれば、頼ってしまうのは当然です。

一度、人を紹介したのなら、その後はほど良い距離感を保つことが大切です。

最後まで面倒を見ないことに、罪悪感を抱く必要はありません。紹介した時点で、相手の役には相当立っているのです。

4

嫉妬心《しっとしん》を捨て相手の成功を願うとあなたも恩恵を受ける

相手の話に耳を傾けていると、「こうなるといいな」と相手が模索していることがわかってきます。

この人は、「自分ではどうにもできずに迷っているな」と感じたら、人を紹介したり、有益な情報を伝えるようにしましょう。

どうすれば、相手がより良い状態になるのかをイメージして、必要なものを与えましょう。

私は自分の周りのすべての人が、価値ある人生を歩んでほしいと思っています。

潜在意識は自分と相手の違いがわかりません。主語がわからないというお話は前にしました。

だからこそ、嫉妬の感情など持たずに、どんどん人を応援していきましょう。

「あの人が結果を出すと嫌だな」というようなことを思うと、潜在意識は「自分が結果を出すのは嫌だな」と認識するのです。

相手と自分は鏡の関係だと言えます。周りの人の成果を願うと、自分も成果を得るように潜在意識は働きます。

そう考えると、与えると、与えられるのです。

では、どうすれば人から話を聞き出すことができるのでしょうか。相手から情報を引き出さなければ、何を与えていいのかもわかりません。

5 否定しないだけでは不十分！話を聞き出すテクニックとは？

与えることから少し脱線しますが、人の話を引き出す秘訣についてここでお話ししておきます。

何かを与えるにしても、相手が何を欲しているのかわからなければどうしようもありません。

まずは、相手に心を開いてもらって、話をしてもらわなければなりません。

話を引き出す秘訣は、

- **否定しない**
- **ネガティブをポジティブに解釈してあげる**

です。

私の知り合いに、義務教育の間、不登校をくり返していた人がいます。このままではいけないと、その後、専門学校へ行ったそうです。

しかし、資格を得るための試験を受ける前に「なんだか自分のやりたいことではないな……」と考え、専門学校をやめてしまったのだそうです。

そこから地元を離れて、大きな都市に移動し、ネイルサロンに勤めました。この仕事はとても合っていたようで、その経験を活かして、自分でエステの事業を始め、成功を収めました。

その方が、このことを詳しく話をしたのは、私が初めてだったそうです。

話を聞いていると、学校に行かなかったことをコンプレックスに思っているのが伝わってきました。

私は、その点をポジティブに解釈できないか考えながら話を聞いていきました。

「自分が嫌なことは行動しないという強い信念がありますね。何かが手に入るとしても、自分の信念から外れたことならスパッと断ち切れる、思いっ切りのいい人ですね」とネガティブに考えていることを、ポジティブに解釈して伝えました。そうするとどんどん話をしてくれるのです。

その人の過去を肯定したことで、安心感を与えることができたのだと思います。

私は交通事故を経験し、死を身近に感じたことで、人間が感じる痛みを知ることができました。私には、いいことばかりではなく、つらい経験もあります。この経験が今、プラスに働いているのでしょう。

言葉は過去の経験をもとに発せられることが多いものです。

相手の言葉から、相手の価値観を見つけていくことができます。

価値観がわかってきたら、それを肯定しながらアドバイスをしていけばいいのです。

6

積極的に動かなくても人も情報も集まってくる人とは？

私は積極的に人とつながろう、情報を集めようとはしません。

ただ、なぜか、必要な人とはつながり、必要な情報も得られています。

その理由を考えてみたのですが、**「なるべく高いステージに身を置こうという意識付けのおかげ」**なのではないかと思います。

少しでも成長できる環境に身を置くことを常に意識しています。

そうすると、必然的にいいつながりも、いい情報も手に入ります。

金銭的にも、精神的にも無理をして、いい環境に身を置く必要はありません。自分なりに、できる限り、成長できる環境に身を置くと、人にも情報にも恵まれます。

今ではあまり参加しませんが、私自身、歯科のスキルアップや自己啓発に関するセミナー、勉強会によく行っていました。

そこで、講師の人々と話していく中でいい情報を手にしたり、講師との関係がつくられたりしたものです。


より良い環境に移動していくコツがあります。それは、評価のレベルをどんどん上げていくにはどうすればいいか、と考えることです。

私は歯科医師として、まずは帯広で評価され、次に北海道で評価され、そして全国で評価され、海外で評価されるように意識してきました。

ひとつずつレベルアップしていくことで、行くべきところ、学びに行くところが必然的に見えてきます。

7 自分の専門性に基づいたアドバイスにしか価値はない！

私はアドバイスをするときに、気をつけていることがあります。それは、自分のフィールドに基づいた知識を使って、アドバイスするということです。

たとえば、コミュニケーションで悩んでいる人から相談されたときに、人間関係のビジネス書を数冊読んで、その内容を教えたところで、その情報にはあまり価値がありません。

それより、私と患者さんのコミュニケーションの事例を紹介しながらアドバイスすると価値があります。

私が他人にアドバイスをするのなら、自分の転機となった経験からか、歯科医師としてか、もしくは潜在意識の専門家としての知識に基づいたアドバイスでなければあまり価値がありません。誰でも得られるような知識で語っても、人の心は動かないのです。

自分のフィールドで得た情報を共有していくのです。すると、相手は価値を感じてくれます。

膨大な量の知識を基にアドバイスをしなければ意味がありません。一般常識を伝えてもしかたがないのです。

たとえば、「ネガティブなことを言うのはやめましょう」と伝えるとします。「言葉は言霊《ことだま》というので、発したことは現実になります」と一般的なことを言ってもしかたがありません。

潜在意識の法則では、願望をイメージし、ポジティブなイメージをすることで、実現すると言われています。願望よりイメージの力のほうが力が強いからです。このように伝えたほうが説得力があるのです。

●質疑応答のルール

私は講演会の最後に行なわれる質疑応答に力を入れています。ここが一番参加者とつながることができる時間だからです。

すべての質問に対して、私は一般的な成功法則に基づいて答えることができます。

しかし、私はそれでは意味がないと思っています。

もし、5人の方が、同じ質問をしても、各々違う答えを伝えなければ意味がないと思うのです。

そのためには相手の状況を聞き、自分の知識と経験を組み合わせたオリジナルの答えを伝えなければなりません。

あるとき、大事なプレゼンを控えているのにうまくいく自信が全くない、という方がいました。

私はまず、自分がニューヨーク大学のインプラントプログラムに受け入れてもらうために行なったプレゼンの話をしました。１０００枚のスライドをつくり、50枚に厳選した話をして、準備の大事さを伝えました。

そして、潜在意識の法則にもとづいて、プレゼンを成功して得られるものを明確にしてもらい、達成するイメージをくり返してもらいました。

アドバイスの甲斐あって、その方はプレゼンを成功させたようです。

ただの自己啓発の知識からアドバイスしただけでは、なかなかその人は満足してくれなかったでしょう。アドバイスの実践もしてくれなかったはずです。

しかし、実体験と潜在意識という私の専門分野の知識をもとにアドバイスしたことで、価値を感じてくれたのだと思います。

アドバイスをするのなら、自分の専門性と経験を組み合わせて伝えてください。

8

スキルの信頼は第一段階。きめ細かな気づかいでより信頼を与える

30年間も、私の医院に来てくれている患者さんがいます。

患者さんには、信頼と安心を与えることを目指した診療ができるように日々考えています。

「この先生に任せておけば、大丈夫」、こう感じてもらえるように診療しているということです。

他の病院では治療ができないことも、いのうえ歯科医師ならなんとかなるという経験をしてもらえるように頑張っています。

そのために、私は若いころから歯科医師のスキルを上げる勉強会に参加していました。海外留学も、より知識を増やし、よりスキルを上げるためにしました。

また、他にはない細やかな気づかいもできるようにしています。

たとえば、海外に行かれる方には、私が行なった治療についてデータをメールします。レントゲン写真やどういった治療を行なったかがわかるようなデータです。

スキルに安心感を持ってもらうのは当然ですが、他にはないサービスを行なうことで、患者さんはより私を信頼してくれます。

私は患者さんとの何気ない会話も大切にするようにします。話が弾めば弾むほど、相手の価値観が見えてきます。

歯科に来る理由はさまざまです。みな各々、望みがあって来てくれます。

ある人は、笑ったときにきれいな歯を見せられるように。

ある人は、おいしくご飯を食べられるように。

ある人は、健康寿命を延ばすために。

さまざまな理由から、いのうえ歯科医院に治療に来てくれます。

相手の本当の望みはどこにあるのか、何のために治療に来てくれるのか、この点をあぶり出すことで、患者さんの満足度は高まります。


スキルへの安心感、細やかなフォロー、価値観のあぶり出し……。いろいろな角度からアプローチすることで信頼を得られているのだと思います。


何かを与えてくれる人を嫌う人はいません。与える人には、必要なものが集まってきます。

出し惜しみせず、与えられるものはすべて与えてしまいましょう。

何かを奪う人と、人はつき合おうと思いません。損得勘定で動く人とつき合うのもつかれます。

やはり、与えてくれる人とつながりたいですし、与えてくれた人には何かを返したいと思うものです。

第５章ポイント

・人を助けるなら、成功前に助けること！

・つながった人の成功を１００％願うと、潜在意識があなたに報酬を与える。

・一般論や、きれいごとを使いながら話す人は人望を失う。

・与えるべきものは、「時短を可能」にするもの。

・いつまでも過保護にすると依存されるから注意！

第6章

相手の「存在価値」を認めてあげる習慣

~絶対的味方であると伝える7つのコツ~

0 成長を実感させてあげると感謝され、きずなが強まる

アーティスティックスイミングの元選手とお話しする機会がありました。オリンピックにも出場するような方です。

その方は、非常に厳しいコーチから指導を受けました。苦しくて、つらくて、何度もやめたくなったそうです。

しかし、その方は続け、輝かしい成果を出しました。

なぜ、やめなかったのか――。

とにかく大変だったけど、鬼コーチの指導を乗り越えると、結果が出たのだそうです。

当時はコーチのことが苦手だったようですが、今では感謝されているようでした。

人は、自分の成長を実感できるとうれしいものです。

この章では、

・成長を実感してもらう褒め方

・人の心を支えてあげる方法

・成果の出るノウハウを身につけ、伝える技術

のコツをお伝えします。

ぜひ、相手に自分の存在価値を感じさせてあげられる人になってください。相手は必ずあなたに感謝し、強いきずながてきるはずです。

1 成長を実感させてくれた人は忘れられない

人は自分の成長を実感させてくれた人に感謝し、恩を感じます。慕われ、人がついて来る人は、人が努力している部分、成長した部分があれば必ず褒めます。

いのうえ歯科医院のスタッフも、新人のころはできないことが多いものです。いろいろなことがすぐにできるようになるわけではありません。

しかし、コツコツまじめに仕事をやっていくと、いろいろなことができるようになります。仕事のスキルが上がっていきます。

そういうときに、私はその成長を伝え、褒めるようにしています。完璧《かんぺき》にできるようにならなくてもいいのです。**前よりもできるようになったら、その成長を感じてもらうようにしています。**

「自分を見てくれている」という感覚は安心感、信頼感につながります。私自身、そういう経験があります。

今、娘が私の医院を手伝ってくれています。スタッフに成長を伝え、褒めるという、私がやっていた役割を担ってくれるようになってきました。

この声がけは、スタッフの心の支えになっているのではないかと思っています。もしかしたら、娘のおかげで、挫折せず勤め続けてくれているスタッフもいるのかもしれません。

成長を実感することで、スタッフはいきいきと仕事をしてくれています。

成長を感じると人は喜びを感じます。エネルギーが湧きます。自分の成長を褒めてくれた人のことを人は忘れません。

●結果を出させてあげることものちのち意味がある

私たちは、自分が結果を出すことに集中してしまいます。

しかし私は、仕事で関わる人には「結果を出させてあげる」ことを第一に考えるようになってきました。

自分の結果のみにとらわれていると、相手の熱意、成長に気づけません。相手の成長を称《たた》えることはのちのち大きな意味を持ちます。

自分の持っている知識、スキルを伝え、相手に結果を出させていく。人を育てる、応援するという意識を持って仕事を行なっていきましょう。

相手が成長し結果を出していくと、相手はあなたに感謝してくれます。結果を出させてもらった人は、あなたの支援者になります。

長い年月、勢いを失わずに働くには、応援者が必要です。その意味でも、相手の成長を褒め、相手に結果を出させてあげるように動いていきましょう。

2

強みを褒め、いつも味方であることを伝える

成長を褒めることも大事ですが、本人が気づいていない「強み」を褒めてあげることも大事です。

私のコーチング生に、とてもバイタリティにあふれる人がいました。その方の目標は、自分の勤める会社にドバイ支社をつくり、その支社長になることでした。

その方は、機会を見つけては、会長にドバイに会社を置くべき重要性を伝えていま

した。私もその方の情熱を感じていたので、社内プレゼンや会長面談でのアイデアをよくお伝えしていました。

その方の強さは、どんな状況でもやり抜くということです。どんなときも努力し、行動していきます。

ある時期、中国の支社に転勤となりましたが、上司との関係が悪化し、日本に戻ってくることになりました。これは、出世の競争の第一線から外れてしまったことを意味していました。しかし、その方はくさることなく、成果を積み重ねていきました。

その方は、最終的には他にやりたいことが出てきて、転職することにしました。会長に会社を辞める旨を伝えると、「ドバイ支社をつくるから、支社長をやってくれないか」と引き留められたようです。新しい夢があったので、結局辞めてしまいましたが、会長からの評価がとても高かったことがわかります。

その方は、とても素直で、置かれた環境で頑張ります。

私は、その点をお会いするたびに褒めて励まし、味方であることを伝えていました。どんな逆境のときでも、誰かひとりは必ず味方である、というのは力強いものです。

●味方がいるとわかると心に余裕が生まれる

私自身、多くの人から支えられていて、たくさんの味方がいることを実感しています。

「こういう本って必要だと思うんだよね」と編集者に話してみると、いくつかのアイデアは採用されて本になります。

今回、50代向けに潜在意識のプログラムをつくりましたが、これも「50代の人こそ潜在意識の力を有効活用するべきだと思う」と担当者と話したことがきっかけです。

私の考えを何とか形にしようと、みなが知恵を絞って、動いてくれています。

自分に味方がいる、という確信は心に余裕を生みます。余裕があれば、ますますい い考えが浮かんできます。

3 褒めるときは、結果重視？努力重視？

努力を褒めるべきか、結果を褒めるべきか、部下がいる人などは特に悩むところでしょう。

努力をしても、結果が出ないと仕事をした意味がないのではないか……。

努力したこと自体は尊いことだから、結果が出なくても褒めるべきなのではないか……。

いのうえ歯科医院には、ホワイトニングの予約をたくさんとるスタッフがいます。私はとにかく数字を出していることを褒めます。

数字を出す人は、正しい努力をしているのですばらしい人材なのです。

また、そのスタッフは、ホワイトニングに興味を持ってくれる人が増えるように頑張っています。

予約がとれようがとれまいが、ホワイトニングの重要性を患者さんに毎回お話しする積極性があるのです。

当然私は、その積極性も褒めます。

結果が出たら褒める。結果が出なくても、頑張っていたら褒める。どちらも褒めるべきだと考えています。

結果が出るには、運の要素もあります。運が巡ってこないと、褒められないのではモチベーションも落ちてしまうでしょう。

相手が「自分を見てくれているという感覚」を持てるように、自分が好感を持っていることを伝えましょう。

●努力の方向性を変えてあげる

結果を出しても、努力をしても褒めることが大切です。

しかし、相手に努力を強要するのは良くありません。実は、努力して頑張るという感覚の人はなかなか成果が出ません。

結果を出す人は、努力を努力と思わない人だからです。

精神的な苦痛を感じながら頑張って結果を出すのは難しいのです。向いていないのだから、努力が続くはずがありません。

だからこそ、この人は無理しているなと思ったら、違うことをやってみるようにすすめてみてください。

その人に努力を努力と思わないことが見つかったら、必ず結果を出します。

新しいことをチャレンジさせてもらい、さらに成果まで出せたら、相手は必ずあなたに感謝することでしょう。

4

現在の状況がいいとしても悪いとしても成功が近づいていると伝える

私はごく少数の方向けにコーチングを行なっています。

目標達成への課題を見つけ、自分の中からその解決策を考え実行してもらいます。

課題を立てるということは、足りない部分、まだやっていないことを見つけ、そこを強化していくので何かしらの結果が出ます。

ただ、課題を見つけること以上に私が意識していることがあります。

それは、**相手がマイナスの状況にあるときでも、必ず肯定してあげる**ということです。「困難な状況を、いかに価値に変えるか、成長に役立てるか」、を一緒に考えるようにします。

逆境は、成長のプロセスなので、捉え方によっては、実はかなりいい状況だとも言えます。逆境を乗り越えるときには、必ず課題が浮かび上がってきますので、成長しやすいのです。

「これ以上は頑張れない」と八方ふさがりで視野が狭くなっている人には、その状況を成長に変える考え方をするように指導します。

あらゆることには、プラスマイナス、陰陽がありますから、逆の視点が必ず持てるはずなのです。

プラスの中のマイナスを見つけるとより成長できますし、マイナスの中のプラスを見つけるとそれも成長につながります。

どんなときも、肯定的に捉えてくれる人が近くにいると、力強いものです。

●トレーニングでマインドは変わる

あなたも日々、マイナスをプラスに捉えるトレーニングをやってみてください。トレーニングを重ねると、ポジティブでいられる時間が増えます。

お客さんとのコミュニケーションがうまくいかない。

これは、自分のコミュニケーションを磨く機会をもらっている、と捉えることもできます。

また、単純に言葉をポジティブにして、積極的精神をつくり上げる手法もあります。成功者に長年学ばれている、日本の自己啓発の源流である中村天風先生の言葉に次のようなものがあります。

「暑いな、余計元気が出るな」

ネガティブなことを口走ってしまっても、次の言葉をポジティブに変えてしまえばいいのです。たかが言葉の使い方ですが、マインドを変える大きな効果があります。

5 成果の出るノウハウを伝えるための3つのコツ

私は価値ある人生の生き方を、本や講演を通してお伝えする活動を行なっています。潜在意識の法則や、成功法則、ビジネスの戦略戦術、カウンセリングの技術、古典の知識などを組み合わせながら、成長するための技術、方法をお伝えしています。

やはり、成功のためのスキルを伝えるコンテンツは多くの人が興味を持ってくれます。

みなさん、ノウハウを身につけることを大事にしているのです。

私がなぜ15年以上、著者、講演家として活動できているのかと言えば、世界的プログラムから一流の知識を長年学んできたからです。社会的に信用があり、品格や歴史があるのが一流です。

一流の知識を組み合わせ、自分独自のノウハウをお伝えしているからです。人に成長のための武器を与えると、当然ですが喜ばれます。

武器となるノウハウを伝える秘訣がいくつかあります。

当然ですが、一流の人から学ぶことです。一流の人とは、その道のトップで、10年以上の実績がある人です。社会的にも認められている人です。

次に、そのノウハウで成果を出した人がいるか、という点に注目してください。再現性があるノウハウだからこそ意味があります。

または、長年受け継がれているプログラムを学ぶことにも意味があります。世代を超えて学ばれているノウハウには価値があります。

実際に結果が出る手法を学び、惜しみなく周りの人に教えてあげてください。

6 遠慮すると何も伝わらない

コーチングをしているときには、受講生には今何が足りないのか、ということを考えてもらいます。

結果が出ていないというのは、やっていない部分があるということです。

結果にこだわる場合は、現実的なお話をすると「自分なりに努力している」ということには意味がありません。成果が出る努力をすることに意味があるからです。

私は、結果にフォーカスしている受講生には、厳しいことをはっきり言うようにしています。

やさしく伝えることが大事なことはわかっていますが、結果を出すためには、**自分に足りない部分を強烈に意識してもらわなければなりません。**

中途半端に遠慮したアドバイスを行なうと、何も伝わらなかったりします。

強烈にマイナスを意識して克服するから、大きなプラスの成果を手に入れられるのです。

ただし、私もこれにはリスクがあることもわかっています。

今は何を言っても、何をやっても、ハラスメントにしようと思えばできる時代です。

本心をさらけ出すアドバイスは、関係がすでに成り立っていて、成長の意欲が高い人のみに行なってください。

私自身、厳しい指導で大きく成長した経験があり、今ではその先生に感謝しています。

7 意外と需要がある根性のつけ方

私は大学生など、若い人向けに講演を行なうことがあります。いろいろな話をするのですが、実は一番盛り上がるのが、根性の大切さを語るときです。

勉強、仕事、何事も効率良く行なうことは重要です。時間はとても大切なものです。しかし、私たち凡人は、理屈を考えず、根性でコツコツ頑張って、小さな成功を積み重ねることがどうしても必要なのです。

「どうすれば根性がつきますか?」とよく質問されます。

私の答えは、**「理想の自分の価値を知る」**ということです。

たとえば、私は長年体づくりのトレーニングをしていますが、やはりジムに行くのは面倒です。行きたくない日も当然あります。

しかし、お腹が出ていたりすると、著者としての自分の理想の姿を保てないのです。保てないということは、自分を嫌いになるということであり、他人に価値ある人生の指導などできません。

やり抜かないということは、自分の価値を下げることとイコールです。

理想の姿が明確で、その価値がわかっていると人は頑張れます。根性がついてきます。

根性は、人と比べるとつくものではなく、自分との戦いに勝つことでついてきます。

根性がある人は、逆境を乗り越えるし、粘るし、強いのです。

みなコツコツやり抜く根性を持ちたいと思っています。毛嫌いせず、根性を軽く扱わないでください。成長のための大切な要素です。

根性も大事にする姿を人に見せる。他者の根性を認める。必要としている人には、根性のつけ方を伝える。これは大事なことです。

人は成長を実感できると喜びを感じます。そして、成長していることには、自分ではなかなか気づけません。だからこそ、成長した部分が見えたらどんどん褒めてください。相手は喜びを感じ、あなたに感謝し、あなたに心惹かれます。

私たちは、自分の存在価値を自分で認めることがなかなかできません。

人よりもいい結果、成績を得なければ、自分の価値を感じられないものです。また、自分に価値があったとしても、まだまだ努力が必要だと思ってしまうものです。

これでは、なかなか自分の存在価値など認められず、心がつらいばかりです。体も消耗していくことでしょう。

そこで、「あなたには価値がある」と伝えてあげるとどうでしょう。安心感を得られ、気持ちが楽になることでしょう。

「自分を見てくれて、自分の価値までわかってくれる」

こういう人がいると心強いものです。人の存在価値を認めてあげられる人になると、あなたは相手にとってなくてはならない存在になります。

お互いに協力するいい関係が築かれることでしょう。

第６章ポイント

・相手がスランプのときは、変化を褒める。
・絶対的味方であることを定期的に示しておく。
・どんなこともポジティブな言葉で締めると、マインドも変わる。
・再現性のある情報は、いつでもみんなが欲しいもの。
・表立っては隠しつつ「根性」を大事にする。

エピローグ

エピローグでは、あなたへメッセージを送りたいと思います。

ここまでで、人を惹きつける習慣を身につけたあなたは、多くの人と良い人間関係を築いていくでしょう。

しかし、時にはなかなかうまくいかずに、迷ったり、困ったりしてしまうこともあるかもしれません。

そんなときに、これからご紹介する言葉を思い出してみてください。

きっと力が湧いてきます。

これからの人間関係に、過去の人間関係は、関係ない！

価値ある人生を生きるのなら、過去に人間関係で失敗したことを引きずらないことです。

これからのすばらしい人間関係と、今までのうまくいかなかった人間関係は、全く関係ありません。常に、理想の状態をイメージしてください。

相手の自己肯定感が高まる言葉をいつも伝えよう

人間関係において、ネガティブな種をまくと、ポジティブな関係は築けません。相手の気持ちがポジティブになるから、良い人間関係ができるのです。

いつも相手の自己肯定感が高まる言葉を伝えましょう。その言葉が、相手の自信となるのです。自信を与えてくれる人を嫌いになる人はいません。

自分はどんな人とつながりたいのかイメージしておく

「自分はどんな人とつながるべきか」

この意識を常に持ってください。こういう考え方をする人、こういう行動をする人、こういう性格の人……。とにかく、イメージしておいてください。

イメージが全くないと、必要のないつながりができて、人間関係に疲れてしまうこともあります。あなたにとって価値ある人とつながってください。

心に余裕がないとき、逆境のときほど、他者の幸せを願え

他人に対してプラスの言葉を発しようが、マイナスの言葉を発しようが、「それは自分に返ってくる」と潜在意識の法則では考えられています。

逆境のときこそ、他者の幸せを願いましょう。幸せが自分に訪れます。

他人は変えられません。あなたの心が変わるから、人間関係もいい方向に変化するのです。

怒りは、第一段階でシャットダウンすればいい

怒りが湧くときには4つの段階があると言われています。

1　他人から言われたことについて考える
2　怒ると決めて、怒りの感情を湧き起こす
3　行動すると決める
4　相手を言葉や行動で攻撃する

第一段階で、考えない、そして放っておく、ということを選択しましょう。この意識付けをするだけで、心がかなり楽になります。

自分の目標に他者を含める

あなたの成功の中に、「他者に利益を与える」という要素を入れてください。そうするとより大きな報酬が与えられ、より価値のある人生を生きることができるようになります。

「自分以外の人にも利益を与えるためには、どうすればいいか？」、こう考えると、思考の幅が広がりますし、人間関係も良くなります。

いい未来はすでに心に記録されている

あなたの未来は、すでにあなたの心に刻まれています。習慣として、考えていること、感じていること、信じていることが現実化します。

未来の人間関係に希望を持って、ポジティブに考えていれば、これからいい人間関係が築かれます。

心の中に、ネガティブな要素がなければ、不幸な人間関係を現実化する要素がないからです。

ぜひ、本書の内容をひとつでも実践し、人を惹きつけ、人生を思いのままにしましょう。

井上裕之　いのうえ・ひろゆき

歯学博士、経営学博士、セラピスト、経営コンサルタント。医療法人社団いのうえ歯科医院理事長。

世界初のジョセフ・マーフィー・トラスト公認グランドマスター。

1963年北海道生まれ。東京歯科大学大学院修了後、世界レベルの技術を学ぶためニューヨーク大学、ペンシルベニア大学、イエテボリ大学で研鑽を積み、医療法人いのうえ歯科医院を開業。

いのうえ歯科医院の理事長を務めながら、東京医科歯科大学、東京歯科大学非常勤講師、インディアナ大学客員講師、ニューヨーク大学歯学部インプラントプログラムリーダーなど、国内外の7つの大学で役職を兼任している。

その技術は国内外から評価され、最新医療、スピード治療の技術はメディアに取り上げられ、注目を集める。

本業のかたわら、世界的能力開発プログラム、経営プログラムを学び、独自の成功哲学「ライフコンパス」を編み出し、「価値ある生き方」を伝える著者として全国各地で講演を行なっている。

『RESET〔リセット〕』（きずな出版）、『【1日1分中村天風】人生のすべてをつくる思考』（青春出版社）など著書85冊、累計140万部を突破。

井上裕之　検索

好かれる人がやっている人を惹きつける習慣

2024年3月25日　第1刷発行
2024年7月4日　第3刷発行

著　者　井上裕之《いのうえひろゆき》
発行者　徳留慶太郎
発行所　株式会社すばる舎
〒170-0013 東京都豊島区東池袋3-9-7東池袋織本ビル
TEL　03-3981-8651（代表）　03-3981-0767（営業部）
FAX　03-3981-8638
https://www.subarusya.jp/
印刷所　株式会社光邦

落丁・乱丁本はお取り替えいたします

ISBN978-4-7991-1202-1